**이은경쌤의 초등 글쓰기 완성 시리즈**

구분	1학년	2학년	3학년	4학년	5학년	6학년	중1
글쓰기 습관			**Best!** 세줄쓰기 초등 글쓰기의 시작				
	전래동화 바꿔쓰기	전래동화 바꿔쓰기					
			주제 일기쓰기	주제 일기쓰기			
독서 습관	기본 책읽고쓰기	기본 책읽고쓰기					
			심화 책읽고쓰기	심화 책읽고쓰기			
글쓰기 심화	표현글쓰기	표현글쓰기					
			자유글쓰기	자유글쓰기			
					생각글쓰기	생각글쓰기	
논술 대비	왜냐하면 글쓰기	왜냐하면 글쓰기					
			기본 교과서논술	기본 교과서논술			
			논술 쓰기	논술 쓰기			
					심화 교과서논술	심화 교과서논술	
평가 대비			기본 주제 요약하기	기본 주제 요약하기			
					심화 주제 요약하기	심화 주제 요약하기	
					수행평가 글쓰기	수행평가 글쓰기	
영어 글쓰기	영어 한줄쓰기	영어 한줄쓰기					
			영어 세줄쓰기*	영어 세줄쓰기*			
					영어 일기쓰기*	영어 일기쓰기*	

별표(*) 표시한 도서는 출간 예정입니다.

 **이은경쌤의 초등 글쓰기 완성 시리즈 교재 선택 가이드**

- 앞장의 가이드맵을 보면서 권장 학년에 맞추거나 목적에 따라 선택하세요.
- 〈책읽고쓰기〉〈교과서논술〉〈주제 요약하기〉처럼 기본편과 심화편으로 구성된 경우에는 기본편과 심화편을 둘 다 해도 되고, 권장 학년에 맞추어 둘 중 하나만 골라서 해도 돼요.

몇 학년이든 모든 글쓰기는 〈세줄쓰기〉로 시작해요

글쓰기 습관이 필요하다면?
〈전래동화 바꿔쓰기〉
〈주제 일기쓰기〉

+

독서 습관이 필요하다면?
〈[기본] 책읽고쓰기〉
〈[심화] 책읽고쓰기〉

↓

글쓰기 습관과 독서 습관을 모두 갖추었다면?
〈표현글쓰기〉〈왜냐하면 글쓰기〉〈자유글쓰기〉〈생각글쓰기〉

↓

이제 논술과 수행평가를 대비할 차례! 무엇부터 해야 할까요?

논술을 대비하고 싶다면?
〈[기본] 교과서논술〉
〈[심화] 교과서논술〉
〈논술 쓰기〉

+

수행평가를 대비하고 싶다면?
〈[기본] 주제 요약하기〉
〈[심화] 주제 요약하기〉
〈수행평가 글쓰기〉

영어도 대비하고 싶다면? 〈영어 한줄쓰기〉〈영어 세줄쓰기〉* 〈영어 일기쓰기〉*

별표(*) 표시한 도서는 출간 예정입니다.

이은경쌤의
초등 글쓰기 완성 시리즈

1-3학년 권장

표현글쓰기

의성어, 의태어로 **어휘력**과 **표현력**이 쑥쑥!

이은경쌤의
초등 글쓰기 완성 시리즈

1-3학년 권장

표현글쓰기

의성어, 의태어로 **어휘력**과 **표현력**이 쑥쑥!

이은경 지음

상상아카데미

어린이를 위한
초등 매일 글쓰기의 힘
교재 활용법

08 아서 와요, 장가비!

10 글 잘 쓰는 비법이 있다고? 그렇다면 표현글쓰기, 넌 도대체 누구냐?

12 표현글쓰기 마셔 50

14

어서 와요, 작가님!

안녕

나는 오늘부터 너와 매일 즐겁게 이야기 나누고 함께 글을 쓰게 될 이은경 선생님이라고 해.

내 이름은 이은경이지만 사실 나의 작가 이름은 따로 있어.

그리고 이 작가 이름은 글쓰기의 주제별로 달라지는데,

나는 달나라에 과연 옹달샘이 있을지 없을지 정말 궁금하거든.

그래서 이번 표현글쓰기에서의 작가 이름은 '달나라 옹달샘 작가'야.

본격적인 글쓰기를 시작하기 전에 우선 너에 대해 알고 싶어.
우리가 서로 잘 알고 친한 사이가 되면 제아무리 어려워 보이는 논술이라도 훨씬 재미있을 것 같아.
지금부터 너에 관해 알려줄래?

이름

작가명

잘하는 것

좋아하는 것

좋아하는 사람

역시,
기대했던 대로야.
멋짐이 철철
흘러넘치는구먼!

　자, 그럼 이제부터 우리 함께 50편의 『표현글쓰기』를 시작해 볼까? 헉, 너무 많다고? 그래서 이 '달나라 옹달샘 작가'와 함께 쓰자는 거지! 함께 쓰면 끝까지 쓸 수 있거든. 미리부터 너무 겁먹지 않아도 괜찮아. 이것만 끝까지 함께 완성하고 나면 우리는 모두 표현글쓰기의 달인이 되어 있을 거야.

어서 와요,   작가님!

글 잘 쓰는 비법이 있다고?

첫째, 매일 써.

매일 쓰기 귀찮다고? 다른 숙제 하느라 바쁘다고?

알지, 알지, 잘 알지.

그래도 쓰자.

매일 쓰면 잘 쓰게 되거든.

매일 쓰다 보면 굳이 더 잘 쓰려고 노력하지 않아도

저절로 잘 쓰게 된다는 사실을 기억해!

잘 쓰지 못해도, 대충 써도, 조금만 써도 괜찮으니까

우리 오늘부터는 매일 쓰자.

둘째, 매일 읽어.

쓰는 연습을 해야지,
왜 매일 읽냐고?
우리의 뇌는 내가 매일 하는 모든 일을 연결해서 생각하고
서로 영향을 주면서 점점 더 활발하게 움직이면서 똑똑해지게 되거든.
쓰기에 가장 밀접한 영향을 주는 게 바로 읽기야.
매일 읽다 보면 나도 모르게 내가 읽은 글을 흉내 내게 되고,
그러다 보면 잘 쓰게 되는 거야.
책이 너무 지루하다면 신문, 잡지도 괜찮으니까
뭐라도 매일 읽어 보렴.

셋째, 내 글을 자랑해.

자랑하려니까 좀 쑥스럽다고?
오늘 내가 쓴 글은 세상 어디에도 없고
그 누구도 절대 쓸 수 없는 대단한 글이야.
이곳에 쓰는 글은 꽁꽁 숨겨 두지 말고 열심히 자랑해.
자랑하면서 받았던 칭찬의 느낌을 기억하면서 또 쓰는 거야.
자랑하고 싶어서 열심히 쓰다 보면
이전보다 훨씬 나아진 멋진 글을 확인하게 될 거야.

그렇다면 표현글쓰기, 넌 도대체 누구냐?

표현글쓰기를 시작하려면
표현글쓰기가 무엇인지부터 알아야겠지?
그러려면 우선 똑같은 뜻을 가진
두 개의 문장을 비교해 봐야 해.

1 비교하기

① 케이크가 맛있다.

② 케이크는 솜사탕만큼이나 달콤하고 부드러워서 세상에서 최고로 맛있다.

2 비교하기

① 물통에 물이 많이 담겨 있었다.

② 물통에 물이 많이 담겨 있어 찰랑찰랑하고 당장이라도 넘칠 것 같았다.

3 비교하기

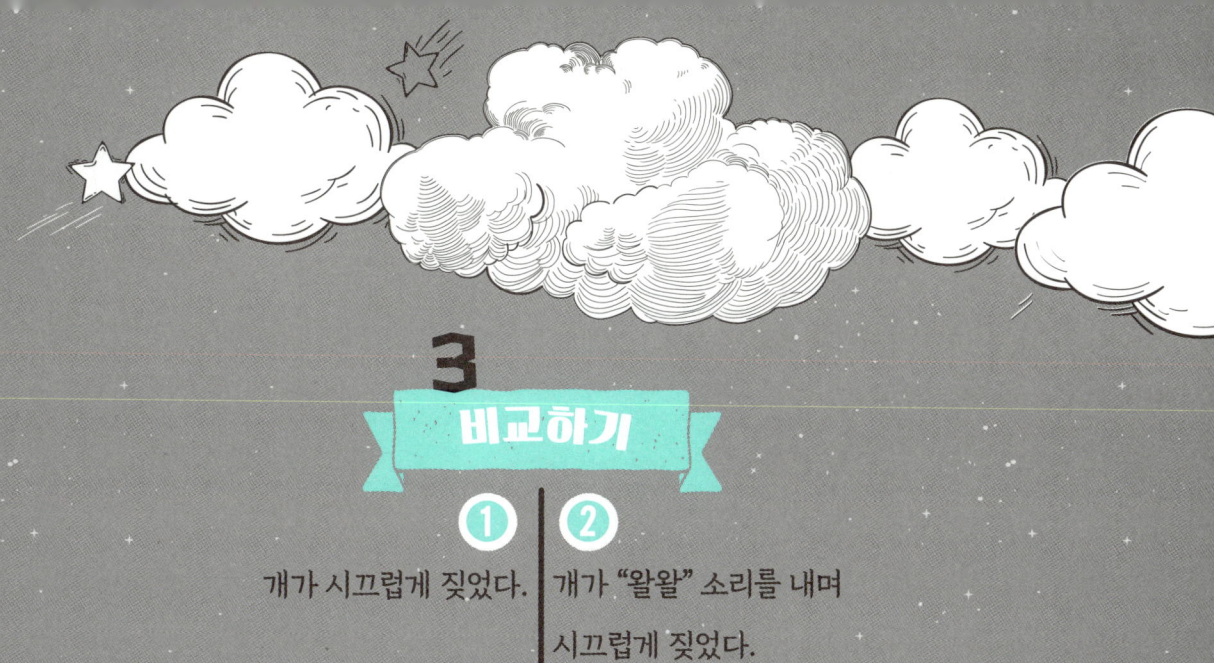

① 개가 시끄럽게 짖었다.

② 개가 "왈왈" 소리를 내며 시끄럽게 짖었다.

아하, 두 개의 문장을 비교하니 느낌이 팍 오지? 분명히 뜻이 같은 두 개의 문장인데, 표현하는 방식에 따라 전혀 다른 느낌의 문장이 되어버리는 마법 같은 일이 일어나버렸다는 사실! 너라면 눈치챘을 거야.

지금까지 우리가 1번 문장처럼 단순하면서도 있는 사실 그대로를 쓰는 것에 그쳤다면, 표현글쓰기를 시작하면 2번 문장처럼 보다 실감 나고, 재미있고, 더 읽고 싶어지는 멋진 표현이 담긴 문장을 쓰게 될 거야.

이런 멋진 문장, 너도 사실 좀 써 보고 싶었지? 인생 뭐 있나, 도전!

뭔가 좀 어렵게 느껴질 때는 나 '달나라 옹달샘 작가'가 쓴 글을 보며 흉내 내봐. 도움이 될 거야.

미션 50

여기, 국어 교과서에서 본 적이 있었던 재미있고 쉬운 표현 미션 50개가 있어. 1번부터 쓰는 거냐고? 아니!

오늘 도전할 미션의 표현은 날마다 내 마음대로 고르면 되는 거야. 표현을 고를 때는 오늘 나에게 있었던 일과 관련된 주제, 쓸 거리가 있을 것 같은 주제, 관심이 가는 주제, 오랫동안 고민하지 않아도 슬슬 쓸 수 있을 것 같은 만만한 주제부터 선택하면 된다는 거 잊지 마!

자, 그럼 어디 한번 시작해 볼까?

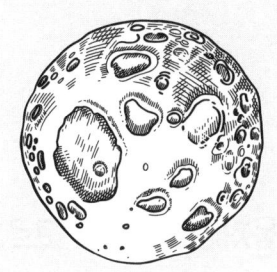

책 제목	학년	표현
강아지 똥실이	1-1	그까짓, 헥헥, 폭신폭신, 쿵쿵, 벌벌, 깡충깡충
송이의 추석 이야기	1-2	울퉁불퉁, 덩실덩실, 꼬불꼬불
치과 의사 드소토 선생님	2-1	바들바들, 솔솔, 탁, 비틀비틀
종이 봉지 공주	2-2	몽땅, 하마터면, 대뜸, 훌쩍
리디아의 정원	3-1	톡톡, 깜빡깜빡, 와르르, 다름없다
만복이네 떡집	3-1	닭똥 같은 눈물, 슬금슬금, 쫀득쫀득, 어슬렁어슬렁, 트집 잡다, 히죽히죽, 헤벌쭉, 싱글벙글, 몽실몽실, 알쏭달쏭, 쑥덕쑥덕
진짜 투명인간	3-2	오돌도돌, 휘둥그레
이야기 할아버지의 이상한 밤	3-2	도대체, 덥석, 꿀꺽
무툴라는 못 말려!	3-2	씰룩씰룩, 파닥파닥, 부르르, 질겅질겅, 쩌렁쩌렁, 우물우물, 벌컥벌컥, 허겁지겁, 모락모락, 오도 가도 못하다, 콧방귀를 뀌다, 감쪽같이, 비 오듯

울퉁불퉁
물체의 표면이 고르지 않게 여기저기 나오고 들어간 모양

먼저, 오늘의 미션을 교과서 수록 도서에서 찾아볼까요?

오늘은 집에 돌아가야 하는 날입니다. 할머니께서 햇곡식과 과일을 한 보따리 싸 주셨어요. 거기엔 고소한 참기름과 **울퉁불퉁** 호박도 들어 있었죠.

도서명

우리도 '울퉁불퉁'을 사용하면 이처럼 멋지고 특별한 이야기를 만들 수 있겠죠?

오늘의 표현 미션에 도전하는 그 이름도 찬란한 달나라 옹달샘 작가님을 소개합니다!

오늘의 미션 문장

가족과 함께 산책을 했다.
신나서 달리다가 넘어졌다.

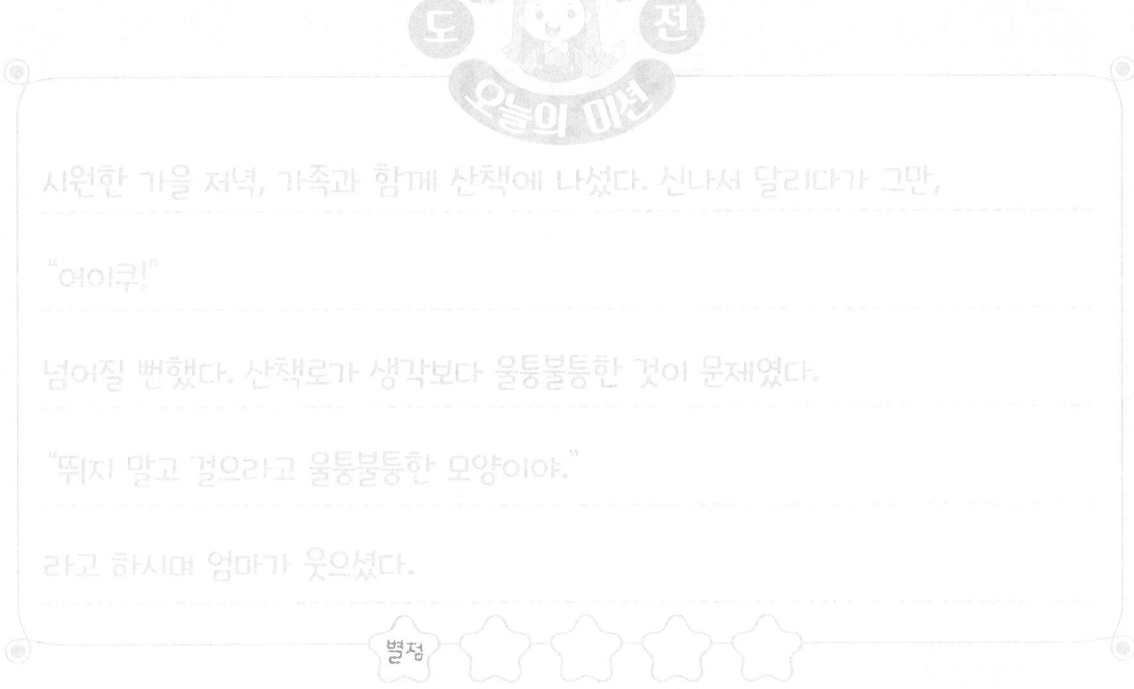

시원한 가을 저녁, 가족과 함께 산책에 나섰다. 신나서 달리다가 그만,

"어이쿠!"

넘어질 뻔했다. 산책로가 생각보다 울퉁불퉁한 것이 문제였다.

"뛰지 말고 걸으라고 울퉁불퉁한 모양이야."

라고 하시며 엄마가 웃으셨다.

최고의 문장을 찾아 형광펜을 그어 보세요.

최고의 문장을 찾아 형광펜을 그어 보세요.

표현 02

덩실덩실

신이 나서 팔다리를 흥겹게 자꾸 놀리며 춤을 추는 모양

먼저, 오늘의 미션을 교과서 수록 도서에서 찾아볼까요?

마을에서 들려오는 풍물 소리에 오빠들은 산길을 내달아가요. 농악대의 장단에 맞춰 온 동네가 들썩들썩, 어깨춤이 **덩실덩실**. 신나는 놀이판이 벌어졌어요.

도서명

우리도 '덩실덩실'을 사용하면 이처럼 멋지고 특별한 이야기를 만들 수 있겠죠?

오늘의 미션 문장

수학 시험을 보았다.
항상 몇 개씩 틀렸는데 오늘은 다 맞아서 기분이 좋았다.

지난번 수학 시험은 80점, 지지난번엔 90점. 매번 아깝게 한두 문제씩 틀렸다.

'제발, 이번에는 100점 맞게 해 주세요.'

시험지를 받는 순간 '야호' 하고 소리를 지를 뻔했다. 드디어 100점이다. 기분이 좋아 덩실덩실 춤이라도 추고 싶다.

최고의 문장을 찾아 형광펜을 그어 보세요.

최고의 문장을 찾아 형광펜을 그어 보세요.

표현 03

꼬불꼬불
이리로 저리로 고부라지는 모양

먼저, 오늘의 미션을 교과서 수록 도서에서 찾아볼까요?

온 가족이 모였습니다. 이야기꽃이 피고 맛있는 음식 냄새가 집안 가득합니다. 추석날 아침 일찍 일어나 햅쌀로 만든 음식과 햇과일로 정성껏 차례를 지냅니다. **꼬불꼬불** 산길을 따라 온 가족이 성묘를 갑니다.

도서명

우리도 '**꼬불꼬불**'을 사용하면
이처럼 멋지고 특별한 이야기를 만들 수 있겠죠?

오늘의 미션 문장

버스를 타고 동물원으로 현장 체험 학습을 갔다.
길이 좋지 않아서 멀미가 났다.

반 친구들과 동물원으로 현장 체험 학습을 갔다. 단짝 친구 서현이와 짝꿍이 되어 버스에 탔다. 그런데 동물원으로 가는 길이 너무 꼬불꼬불했다.

'윽, 어지러워. 속도 안 좋아.'

그렇지 않아도 차만 타면 멀미를 하는 편인데, 길까지 꼬불꼬불하니 더욱 힘들었다.

다음번에는 멀미약을 잘 챙겨 먹고 더욱 신나게 놀 테다!

최고의 문장을 찾아 형광펜 을 그어 보세요.

최고의 문장을 찾아 형광펜 을 그어 보세요.

표현 04

몽땅
있는 대로 죄다

먼저, 오늘의 미션을 교과서 수록 도서에서 찾아볼까요?

어느 날, 무서운 용 한 마리가 나타났어요. 용은 공주의 성을 부수고, 뜨거운 불길을 내뿜어 공주의 옷을 **몽땅** 태워버렸지요. 그리고 로널드 왕자를 잡아갔습니다.

도서명

우리도 '몽땅'을 사용하면
이처럼 멋지고 특별한 이야기를 만들 수 있겠죠?

오늘의 미션 문장

친구와 딱지치기를 했다.
친구가 내 딱지를 모두 따 갔다.

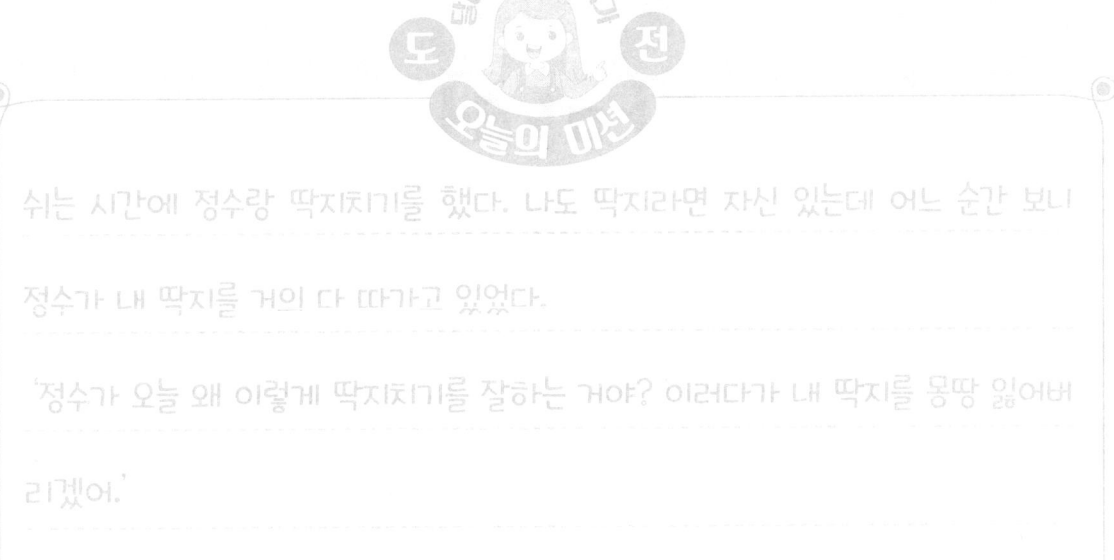

쉬는 시간에 정수랑 딱지치기를 했다. 나도 딱지라면 자신 있는데 어느 순간 보니

정수가 내 딱지를 거의 다 따가고 있었다.

'정수가 오늘 왜 이렇게 딱지치기를 잘하는 거야? 이러다가 내 딱지를 몽땅 잃어버

리겠어.'

정수가 내 마지막 딱지를 넘기려는 순간 수업 종이 쳤다. 휴, 하나는 지켰다.

별점 ☆ ☆ ☆ ☆ ☆

최고의 문장을 찾아 형광펜 을 그어 보세요.

작가

오호, 제법인데? 그렇다면 나도 질 수 없지!

도 전

오늘의 미션

별점 ☆ ☆ ☆ ☆ ☆

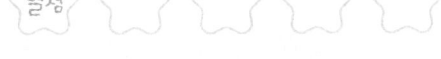

최고의 문장을 찾아 형광펜 을 그어 보세요.

표현 05 하마터면
조금만 잘못하였더라면

먼저, 오늘의 미션을 교과서 수록 도서에서 찾아볼까요?

용은 문을 쾅 닫았습니다. 그 바람에 공주는 **하마터면** 문에 코를 찧을 뻔했지요. 공주는 문고리를 잡고 다시 문을 쿵쿵 두드렸어요.

도서명

우리도 '하마터면'을 사용하면 이처럼 멋지고 특별한 이야기를 만들 수 있겠죠?

오늘의 미션 문장

내 친구는 예쁘고 착해서 인기가 많다.
많은 친구들이 그 친구를 좋아한다.

서영이가 예쁜 머리핀을 하고 왔다. 서영이는 무엇을 해도 예쁘지만 오늘 특히 더 예쁘다. 마음씨도 착하다. 그래서 많은 친구들이 서영이를 좋아한다. 그렇게 인기가 많은 서영이가 오늘 나를 보고 인사를 했다.

"안녕?"

그러면서 살짝 웃는데 하마터면 좋아한다고 고백할 뻔했다.

최고의 문장을 찾아 형광펜을 그어 보세요.

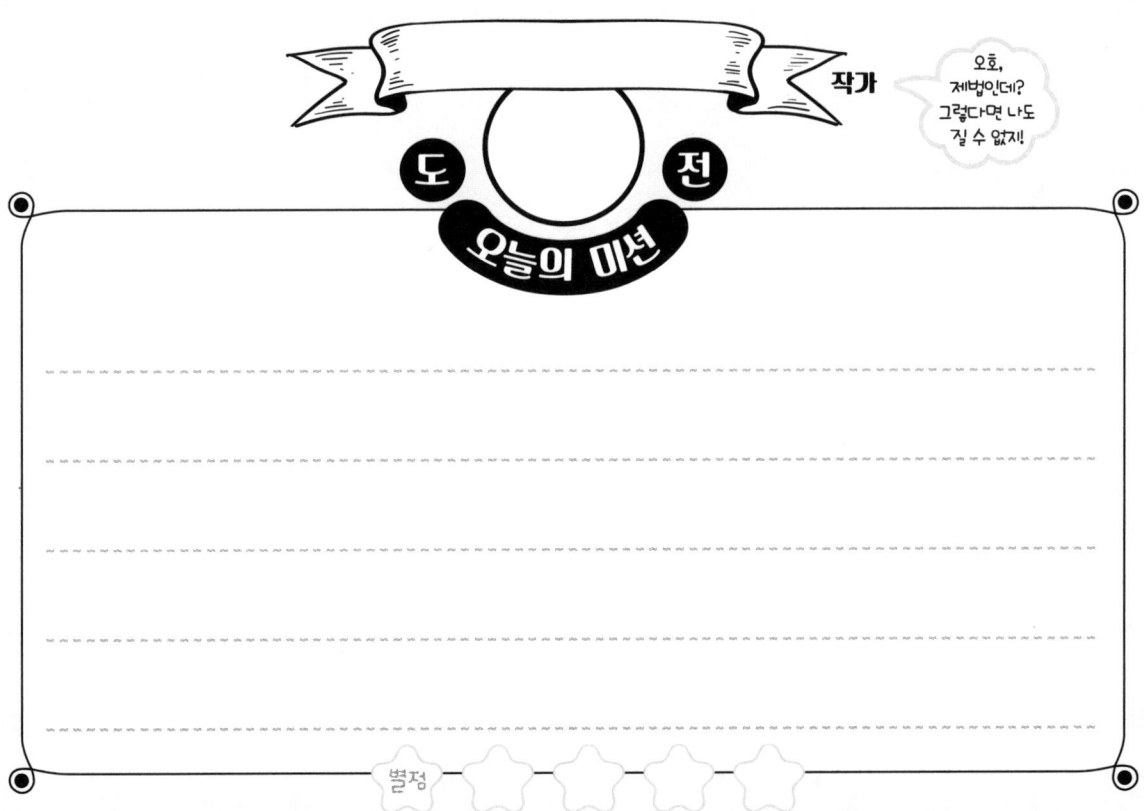

최고의 문장을 찾아 형광펜을 그어 보세요.

표현

훌쩍
단숨에 가볍게 뛰거나 날아오르는 모양

먼저, 오늘의 미션을 교과서 수록 도서에서 찾아볼까요?

용은 **훌쩍** 날아올라 세상을 또 한 바퀴 돌고 돌아왔습니다. 이번에는 이십 초가 걸렸어요. 용은 이제 지쳐서 말도 못 하고 픽 쓰러지더니 곯아떨어졌습니다.

도서명

우리도 '**훌쩍**'을 사용하면
이처럼 멋지고 특별한 이야기를 만들 수 있겠죠?

오늘의 미션 문장

자전거를 탔다.
친구가 나보다 더 잘 타서 부러웠다.

승진이는 자전거를 무척 잘 탄다. 막 달리다가 자전거에 훌쩍 올라타기도 하고, 달리는 자전거에서 훌쩍 뛰어내리기도 한다. 나는 길이 조금만 좁아도 자전거를 타기 무서운데 승진이는 어쩜 저리도 잘 타는지 모르겠다. 하지만 가장 중요한 건 안·전·제·일!

최고의 문장을 찾아 형광펜을 그어 보세요.

최고의 문장을 찾아 형광펜을 그어 보세요.

27

대뜸
이것저것 생각할 것 없이 그 자리에서 곧

먼저, 오늘의 미션을 교과서 수록 도서에서 찾아볼까요?

왕자는 공주를 보더니 **대뜸** 이렇게 말했어요.
"엘리자베스, 너 꼴이 엉망이구나! 아이고 탄내야. 머리는 온통 헝클어지고, 더럽고 찢어진 종이 봉지나 걸치고 있고. 진짜 공주처럼 챙겨 입고 다시 와!"

도서명

우리도 '대뜸'을 사용하면 이처럼 멋지고 특별한 이야기를 만들 수 있겠죠?

오늘의 미션 문장

동생과 놀다가 옆에 있던 친구와 부딪쳤다.
그 친구가 화를 냈다.

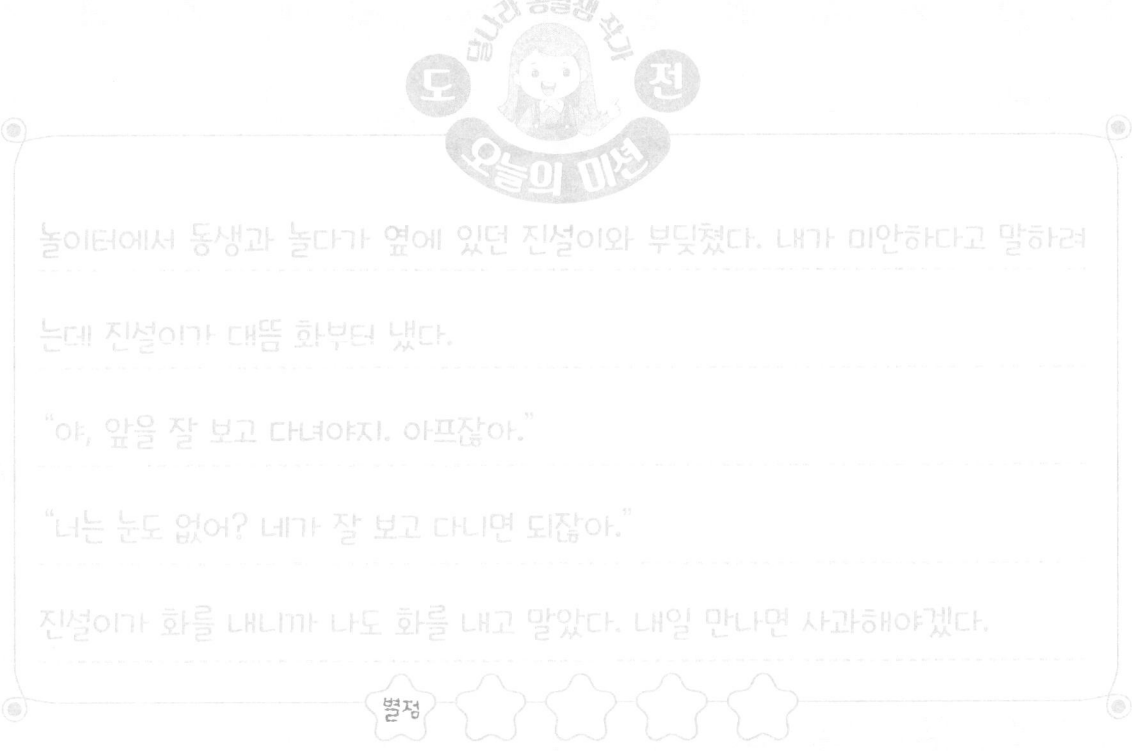

놀이터에서 동생과 놀다가 옆에 있던 진설이와 부딪쳤다. 내가 미안하다고 말하려는데 진설이가 대뜸 화부터 냈다.

"야, 앞을 잘 보고 다녀야지. 아프잖아."

"너는 눈도 없어? 네가 잘 보고 다니면 되잖아."

진설이가 화를 내니까 나도 화를 내고 말았다. 내일 만나면 사과해야겠다.

최고의 문장을 찾아 형광펜을 그어 보세요.

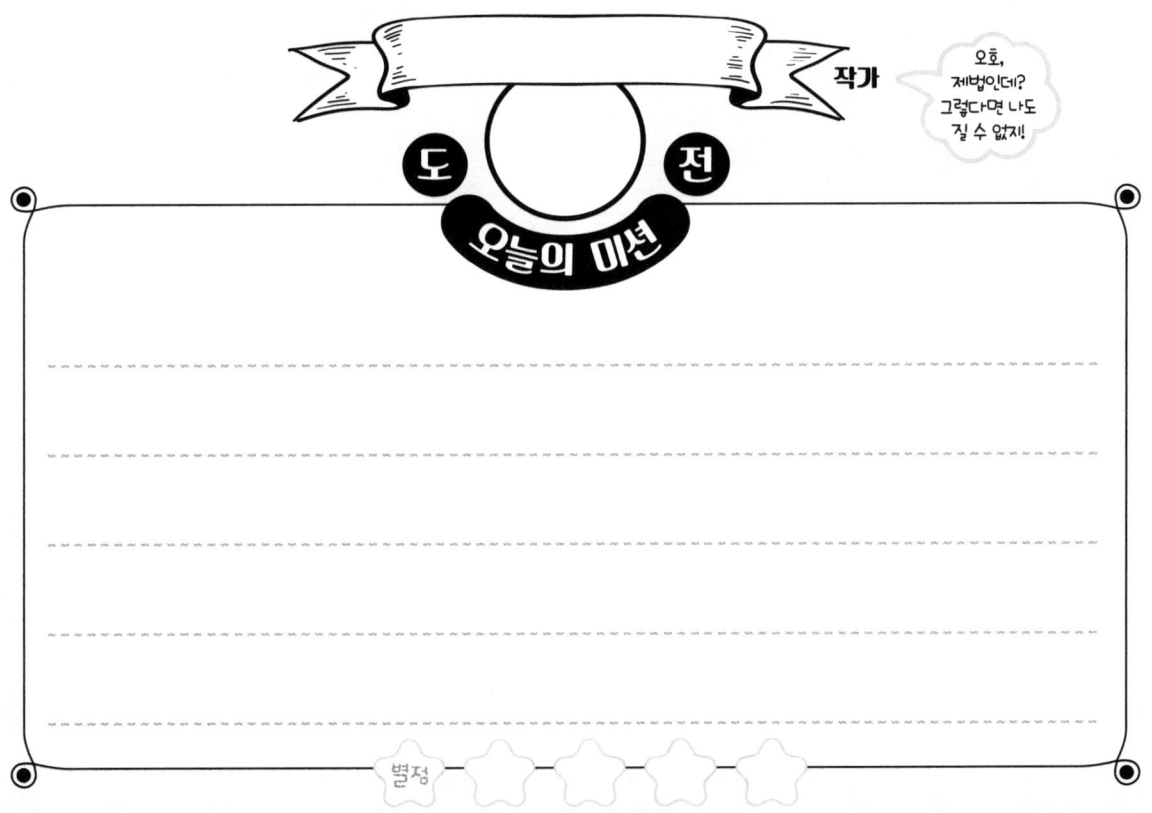

최고의 문장을 찾아 형광펜을 그어 보세요.

29

표현

깡충깡충
짧은 다리를 모으고 자꾸 힘 있게 솟구쳐 뛰는 모양

먼저, 오늘의 미션을 교과서 수록 도서에서 찾아볼까요?

복실이는 조그맣고, 따뜻하고, 간지러워요. 왈왈 짖으며 꼬리를 막 흔들어요. 복실이는 하루 종일 누나와 나를 따라다녀요. 백 번도 천 번도 더 **깡충깡충** 뛰어 올라요.

도서명

우리도 '깡충깡충'을 사용하면
이처럼 멋지고 특별한 이야기를 만들 수 있겠죠?

오늘의 미션 문장

**엘리베이터가 고장 났다.
옆집 동생을 만나서 같이 올라갔다.**

우리 집은 5층이다. 그리고 오늘은 엘리베이터가 고장이 났다. 5층까지 어떻게 올라가지? 한숨을 푹 쉬고 있는데 옆집 사는 동생이 깡충깡충 계단을 뛰어 올라가기 시작했다.

"정수야, 우리 5층까지 가위바위보 게임 하면서 올라갈래?"

최고의 문장을 찾아 형광펜 을 그어 보세요.

최고의 문장을 찾아 형광펜 을 그어 보세요.

표현

헥헥
몹시 놀라거나 숨이 차서 숨을 자꾸 몰아쉬는 소리

먼저, 오늘의 미션을 교과서 수록 도서에서 찾아볼까요?

뛰어오르다 쫄딱 미끄러지면 혀를 내밀고 **헥헥**거려요. 복실이는 진짜 귀여워요.

"누나, 오늘 하루만 복실이랑 자면 안 돼?"

"안돼, 복실이는 내 강아지잖아."

도서명

우리도 '헥헥' 을 사용하면

이처럼 멋지고 특별한 이야기를 만들 수 있겠죠?

오늘의 미션 문장

친구와 떡볶이를 먹으러 가는데 동생이 따라왔다.

예은이랑 떡볶이를 먹으러 나가려는데 동생이 따라가겠다고 졸랐다. 예은이랑 둘이서만 먹고 싶은데 귀찮게 군다. 동생 몰래 밖으로 나와 떡볶이 집으로 가는데 뒤에서 자꾸 부르는 소리가 났다. 뒤를 돌아보니 동생이 헥헥거리며 뛰어오고 있다. 동생아, 미안.

"예은아, 뛰자!"

최고의 문장을 찾아 형광펜을 그어 보세요.

최고의 문장을 찾아 형광펜을 그어 보세요.

표현

그까짓
겨우 그만한 정도의 (그깟- '그까짓'의 준말)

먼저, 오늘의 미션을 교과서 수록 도서에서 찾아볼까요?

누나가 새 크레파스를 빌려 달래요. "싫어, 누나 것도 있잖아."
"그래? 그럼 너 이제부터 복실이랑 놀지 마."
누나는 복실이를 데리고 가 버렸어요.
"흥, **그깟** 강아지! 나도 곧 생일 된다, 뭐!"

도서명

우리도 '그까짓'을 사용하면
이처럼 멋지고 특별한 이야기를 만들 수 있겠죠?

오늘의 미션 문장

친구가 색연필을 새로 샀다.
빌려달라고 하니 안된다고 한다.

"우아, 그 색연필 엄청나게 예쁘다. 이 색깔, 한 번만 빌려 주면 안 돼?"

"안 돼! 나도 아직 한 번도 안 써본 색이란 말이야."

칫! 그까짓 색연필 하나 가지고. 예쁜 색깔로 그림 그리면 뭐 하니? 마음이 예뻐야지, 친구야.

최고의 문장을 찾아 형광펜을 그어 보세요.

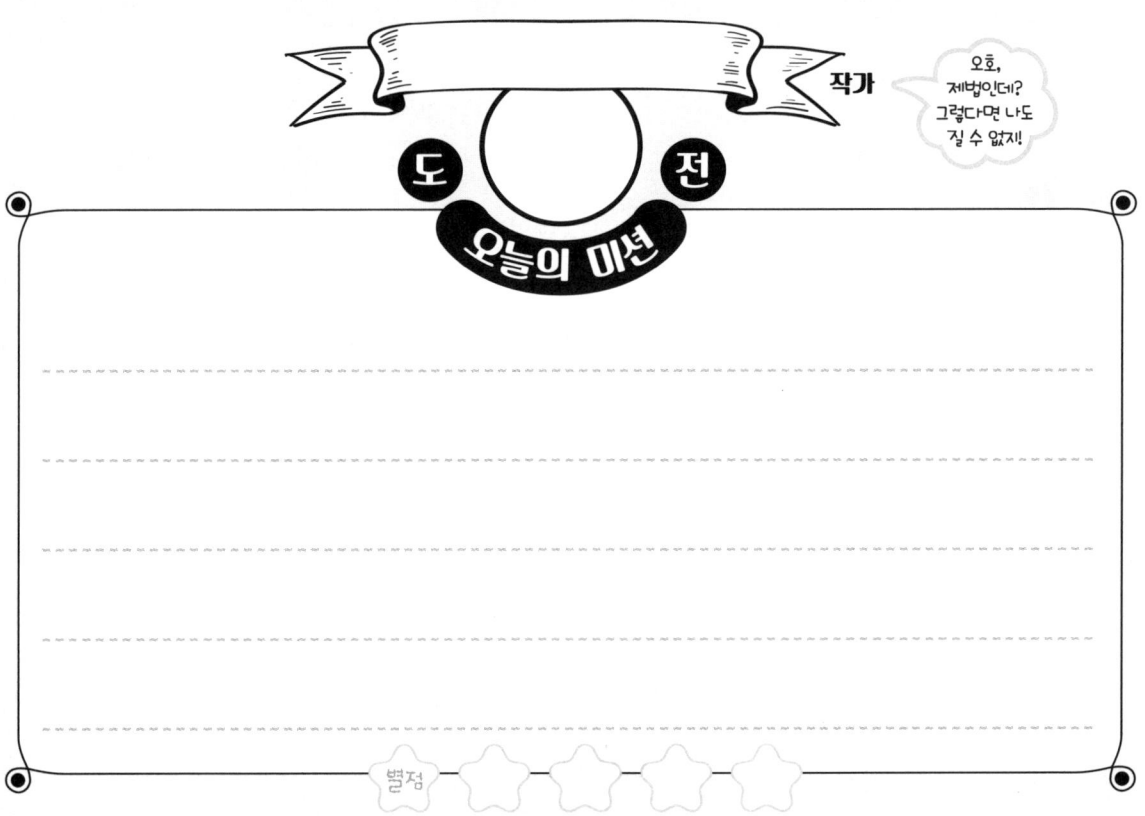

최고의 문장을 찾아 형광펜을 그어 보세요.

표현

폭신폭신
매우 포근하게 보드랍고 탄력이 있는 느낌

먼저, 오늘의 미션을 교과서 수록 도서에서 찾아볼까요?

삼촌한테는 판다를 받아야지. **폭신폭신**한 판다랑 자면 잠이 솔솔 잘 올 거야. 신나는 꿈도 많이 꿀 수 있을걸!

도서명

우리도 '폭신폭신'을 사용하면 이처럼 멋지고 특별한 이야기를 만들 수 있겠죠?

오늘의 미션 문장

겨울을 맞아 엄마가 이불을 새로 사셨다.
따뜻하다.

학교가 끝나고 집으로 갔더니 침대 이불이 바뀌어 있었다. 엄마가 겨울이라 따뜻한 이불로 새로 사셨다고 한다. 이불 위에 누우니까 정말 폭신폭신했다. 이렇게 보드랍고 폭신한 이불에서 자면 아침에 일어나기 더 싫을 것 같다.
"엄마, 이불이 정말 마음에 들어요."

최고의 문장을 찾아 형광펜 을 그어 보세요.

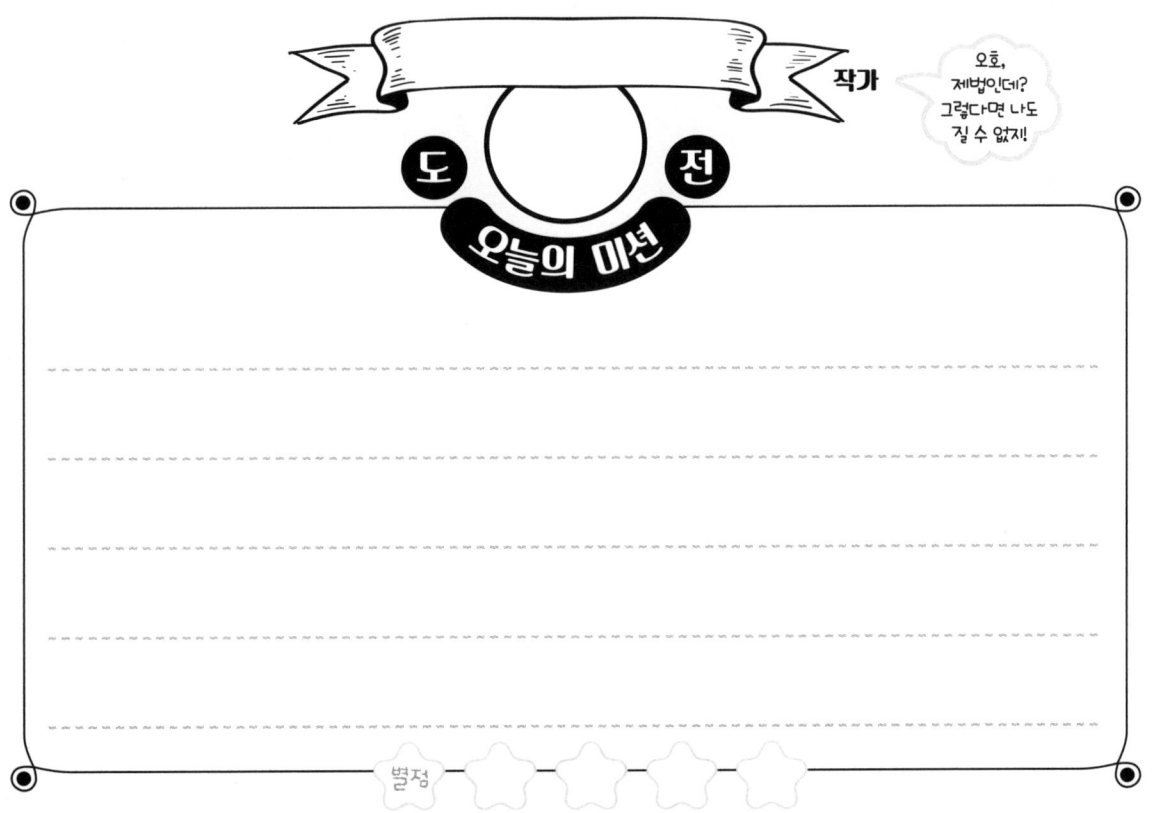

최고의 문장을 찾아 형광펜 을 그어 보세요.

표현 12

쿵쿵
크고 단단한 물건이 바닥이나 벽에 부딪히는 소리

먼저, 오늘의 미션을 교과서 수록 도서에서 찾아볼까요?

코끼리도 좋을 것 같아. 커다란 우산을 쓰고 땅을 **쿵쿵** 울리며 아프리카로 가는 거야.
나는 추장이 될 거야.

도서명

우리도 '쿵쿵'을 사용하면 이처럼 멋지고 특별한 이야기를 만들 수 있겠죠?

오늘의 미션 문장

형의 장난감을 망가뜨렸다.
형이 매우 화가 났다.

달나라 응답생 작가
도
전
오늘의 미션

형이 매우 아끼는 장난감 로봇을 망가뜨렸다. 살짝 가지고 놀다가 제자리에 두려고 했는데 그만 망가지고 말았다.

"야, 김이준!"

형이 화난 고릴라처럼 쿵쿵거리며 나에게 걸어왔다. 형이 이렇게 화가 났을 땐 잘못했다고 싹싹 비는 게 제일이다.

별점 ☆☆☆☆

최고의 문장을 찾아 형광펜 을 그어 보세요.

작가
도
전
오늘의 미션

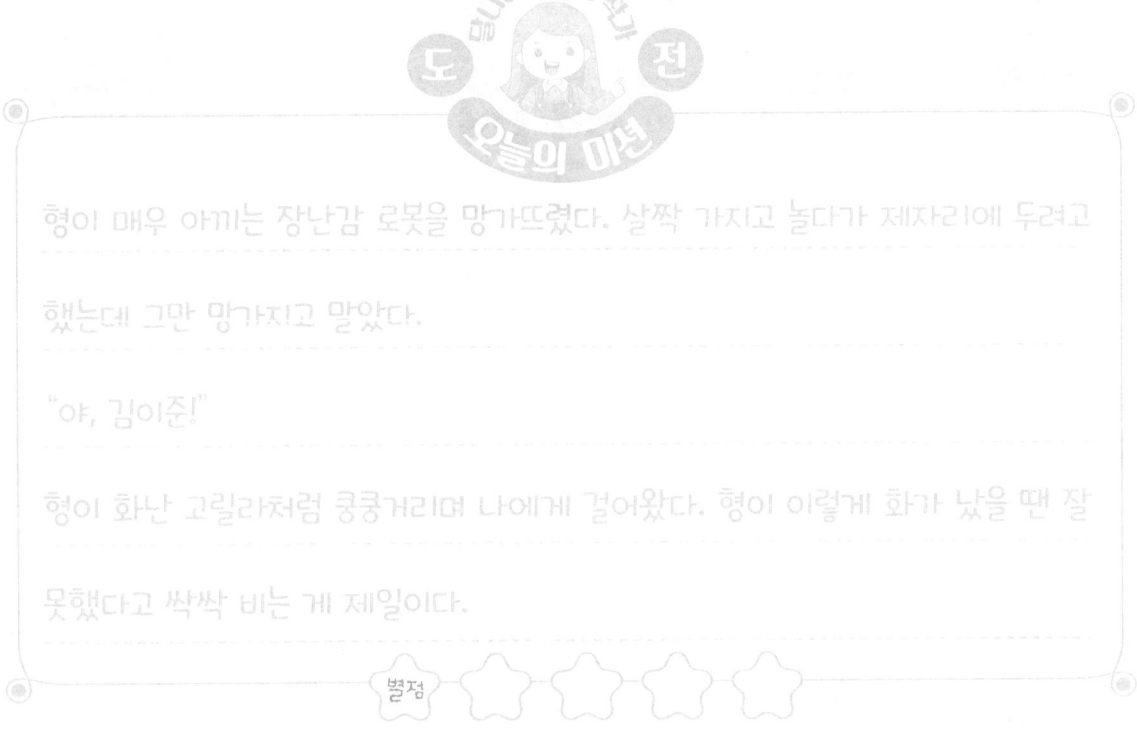

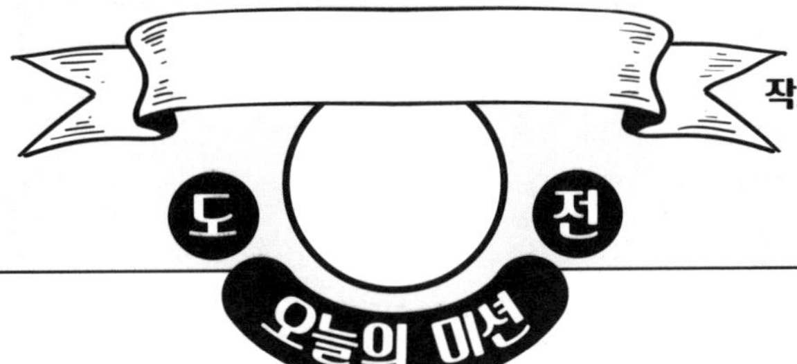

오호,
제법인데?
그렇다면 나도
질 수 없지!

별점 ☆☆☆☆

최고의 문장을 찾아 형광펜 을 그어 보세요.

표현 13

벌벌
춥거나 무거워서 몸을 심하게 떠는 모양

먼저, 오늘의 미션을 교과서 수록 도서에서 찾아볼까요?

멋진 깃털 모자를 쓰고 "아히히히!" 소리를 지르면 사자도 무서워서 **벌벌** 떨겠지. 그런데 어디를 가든지 복실이가 따라와요. 복실이도 나랑 놀고 싶은가 봐요.

도서명

우리도 '**벌벌**'을 사용하면

이처럼 멋지고 특별한 이야기를 만들 수 있겠죠?

오늘의 미션 문장

**놀이동산에 가서 바이킹을 탔다.
너무 무서웠다.**

놀이동산에 가는 건 좋은데 바이킹은 너무 무섭다. 저렇게 무서운 걸 사람들은 왜 타는 걸까? 걱정되는 표정으로 벌벌 떨고 있는 나를 보고 정은이가 웃는다.

"가운데 타면 좀 덜 무서워."

"정은아, 그냥 회전목마 타러 가면 안될까?"

별점 ☆☆☆☆

최고의 문장을 찾아 형광펜을 그어 보세요.

최고의 문장을 찾아 형광펜을 그어 보세요.

표현 14

바들바들
몸을 자꾸 작게 바르르 떠는 모양

먼저, 오늘의 미션을 교과서 수록 도서에서 찾아볼까요?

"아프지만 않게 해 주세요." 여우는 울면서 말했어요. 이렇게 아픈데도 여우는, 입 안에 맛있는 생쥐 한 마리가 있다고 생각하니, 턱이 **바들바들** 떨렸어요.

도서명

우리도 '바들바들'을 사용하면 이처럼 멋지고 특별한 이야기를 만들 수 있겠죠?

오늘의 미션 문장

갑자기 날씨가 추워졌다.
반팔 티셔츠를 입고 나왔더니 정말 춥다.

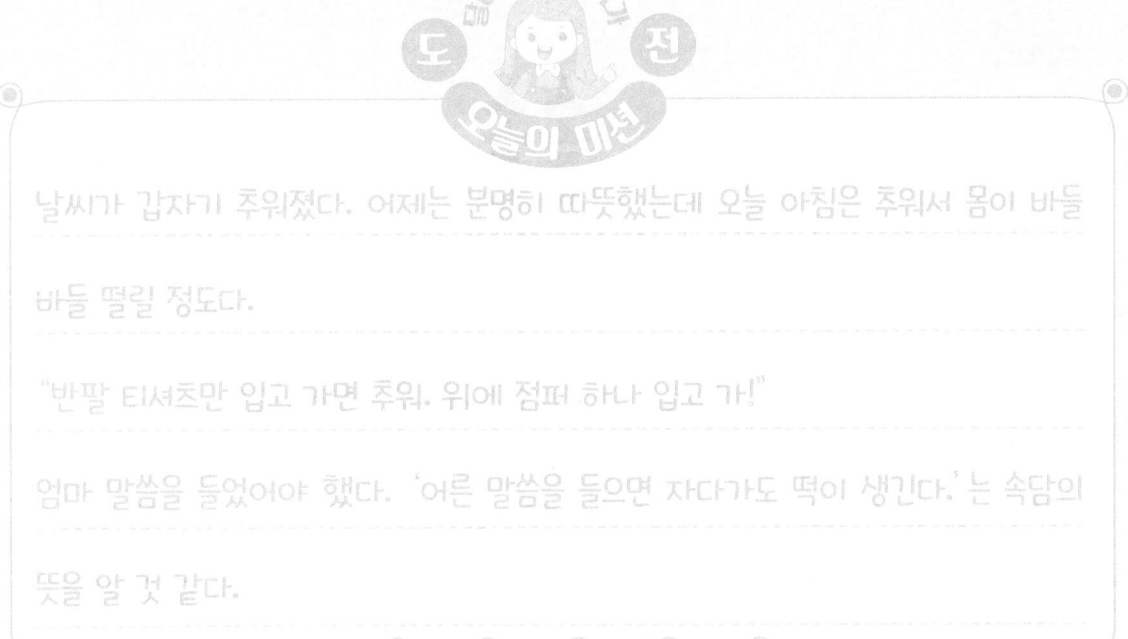

날씨가 갑자기 추워졌다. 어제는 분명히 따뜻했는데 오늘 아침은 추워서 몸이 바들바들 떨릴 정도다.

"반팔 티셔츠만 입고 가면 추워. 위에 점퍼 하나 입고 가!"

엄마 말씀을 들었어야 했다. '어른 말씀을 들으면 자다가도 떡이 생긴다.'는 속담의 뜻을 알 것 같다.

최고의 문장을 찾아 형광펜 을 그어 보세요.

오호, 제법인데? 그렇다면 나도 질 수 없지!

최고의 문장을 찾아 형광펜 을 그어 보세요.

표현 15

솔솔
물이나 가루가 조금씩 가볍게 새어 나오는 모양

먼저, 오늘의 미션을 교과서 수록 도서에서 찾아볼까요?

여우는 곧 꿈나라로 빠져 들었어요. "으, 음, 음냐 음냐……. 날로 먹으면 정말 맛있을 거야. 소금을 **솔솔** 뿌리고, 아무것도 바르지 않은 채로 포도주랑 꿀꺽하면……."
하고 여우는 잠꼬대를 했어요.

도서명

우리도 '솔솔'을 사용하면
이처럼 멋지고 특별한 이야기를 만들 수 있겠죠?

오늘의 미션 문장

**토요일 점심은 짜장면이 최고다.
탕수육까지 함께 먹으면 진짜 맛있다.**

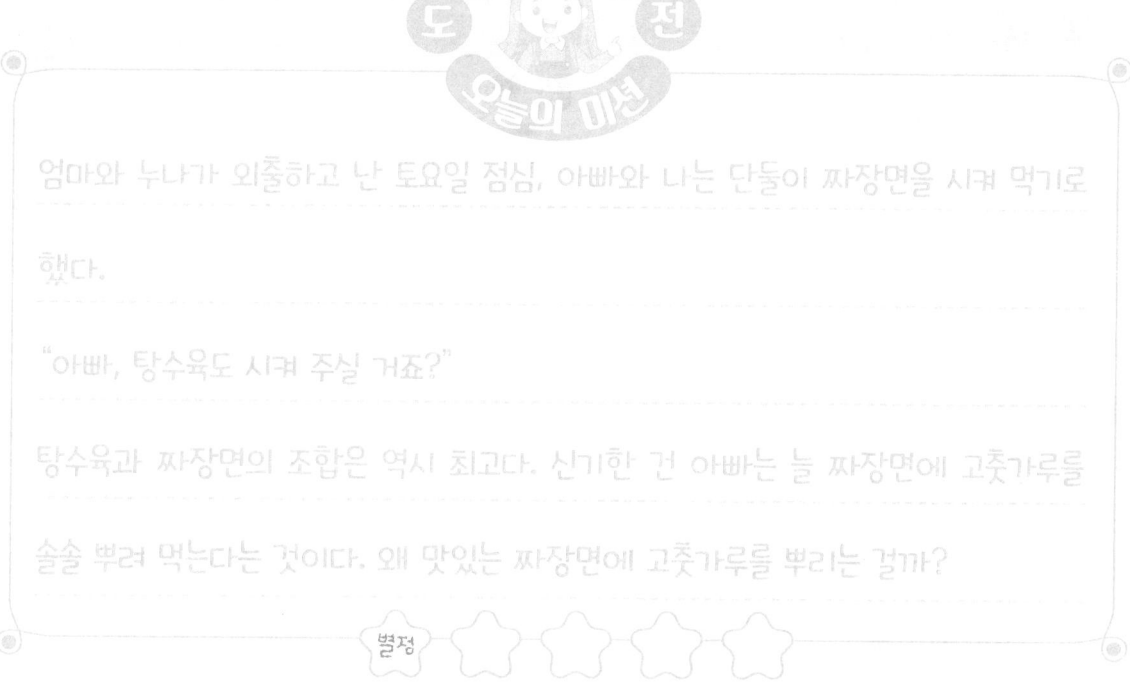

엄마와 누나가 외출하고 난 토요일 점심, 아빠와 나는 단둘이 짜장면을 시켜 먹기로 했다.

"아빠, 탕수육도 시켜 주실 거죠?"

탕수육과 짜장면의 조합은 역시 최고다. 신기한 건 아빠는 늘 짜장면에 고춧가루를 솔솔 뿌려 먹는다는 것이다. 왜 맛있는 짜장면에 고춧가루를 뿌리는 걸까?

별점 ☆☆☆☆

최고의 문장을 찾아 형광펜 을 그어 보세요.

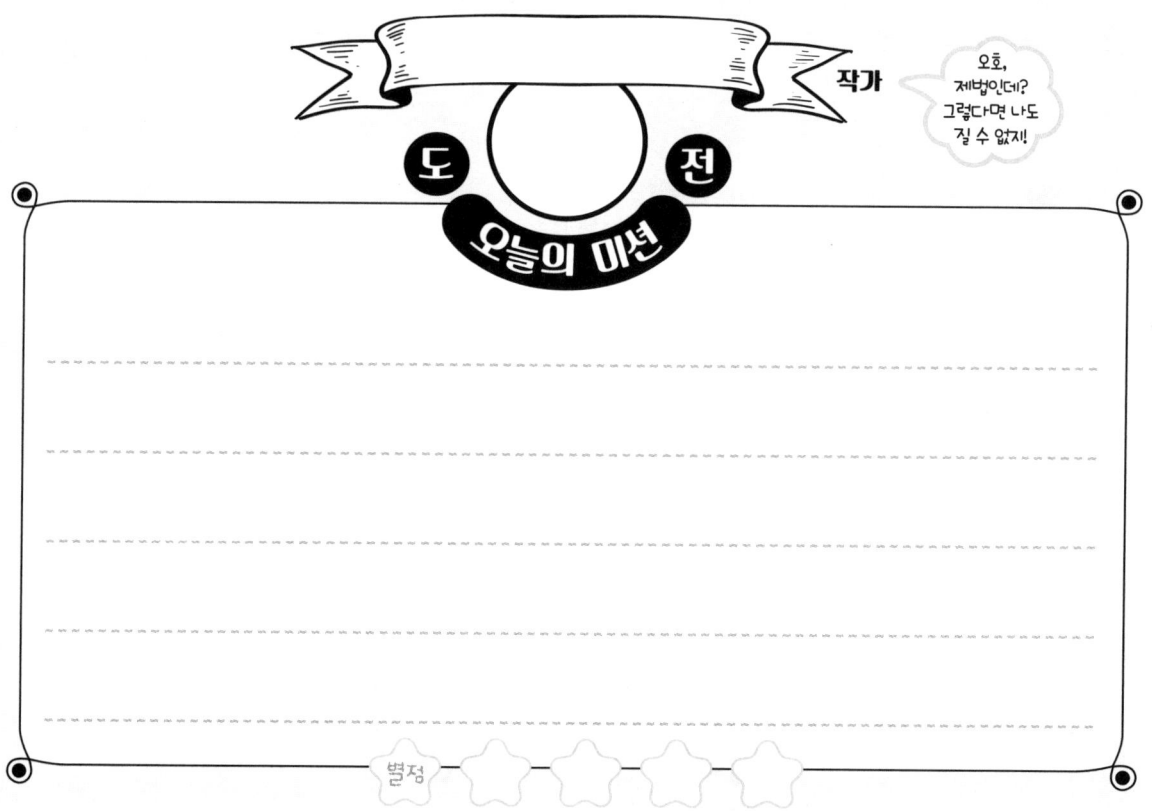

최고의 문장을 찾아 형광펜 을 그어 보세요.

표현

탁
갑자기 세게 치거나 부딪치는 소리

먼저, 오늘의 미션을 교과서 수록 도서에서 찾아볼까요?

드소토 선생님이 여우의 입 안으로 들어가자, 여우가 갑자기 입을 **탁** 다 물었어요. 조금 뒤, 여우는 다시 입을 벌리면서, "장난이에요, 헤헤!" 하고 웃어 댔지요.
"장난치지 말아요. 우리는 지금 치료를 하고 있으니까."
선생님이 호되게 말했어요.

도서명

우리도 '탁'을 사용하면 이처럼 멋지고 특별한 이야기를 만들 수 있겠죠?

오늘의 미션 문장

**엄마에게 장난감을 사달라고 졸랐다.
엄마가 안 된다고 하셨다.**

"엄마, 장난감 자동차 사 주세요, 네?"

"안 돼, 이미 장난감 자동차는 집에 많이 있잖아."

안된다는 엄마 뒤를 졸졸 쫓아다니며 계속 장난감을 사달라고 졸랐다. 엄마가 들고 있던 물컵을 식탁에 탁 내려 놓았다. 아, 장난감은 포기해야겠다.

최고의 문장을 찾아 형광펜을 그어 보세요.

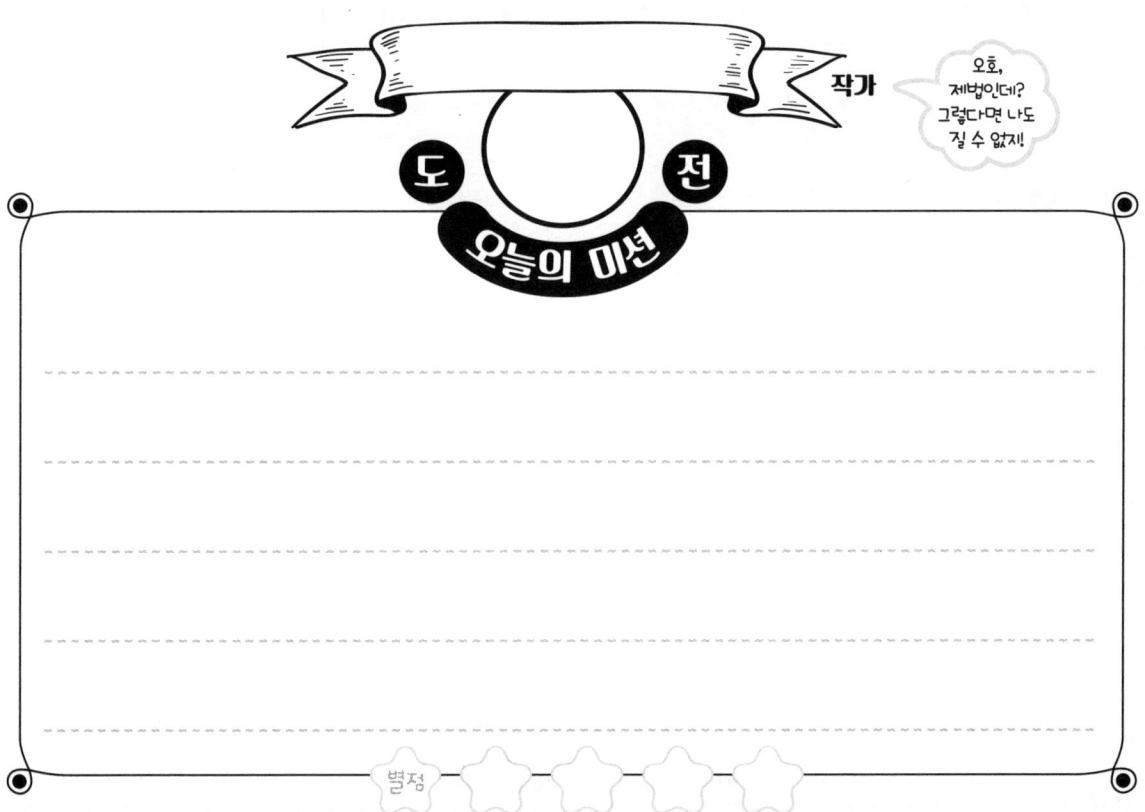

최고의 문장을 찾아 형광펜을 그어 보세요.

비틀비틀
계속 이리저리 쓰러질 듯이 걷는 모양

먼저, 오늘의 미션을 교과서 수록 도서에서 찾아볼까요?

여우는 계단을 **비틀비틀** 내려갔어요. 드소토 선생님과 부인은 꾀를 써서 여우를 이긴 거예요. 그들은 서로 입맞추고 나서, 그날은 푹 쉬었답니다.

도서명

우리도 '비틀비틀'을 사용하면 이처럼 멋지고 특별한 이야기를 만들 수 있겠죠?

오늘의 미션 문장

친구에게 고백을 했다.
그 친구가 거절을 했다.

평소에 짝사랑하던 친구에게 좋아한다고 고백했다. 하지만 그 친구는 냉정하게 나의 고백을 거절했다.

"난 너 말고 민기를 좋아해."

나의 가장 친한 친구인 민기를 좋아하다니. 큰 충격을 받은 나는 비틀비틀 대며 집으로 돌아왔다.

최고의 문장을 찾아 형광펜 을 그어 보세요.

최고의 문장을 찾아 형광펜 을 그어 보세요.

표현 1장

깜빡깜빡
눈이 자꾸 감겼다 뜨이는 모양

먼저, 오늘의 미션을 교과서 수록 도서에서 찾아볼까요?

기차가 흔들거리고 있어요. 졸음이 옵니다. **깜빡깜빡** 잠이 들 때마다 저는 꽃을 가꾸는 꿈을 꿉니다.

도서명

우리도 '깜빡깜빡'을 사용하면 이처럼 멋지고 특별한 이야기를 만들 수 있겠죠?

오늘의 미션 문장

눈병이 났다.
안과에 갔다.

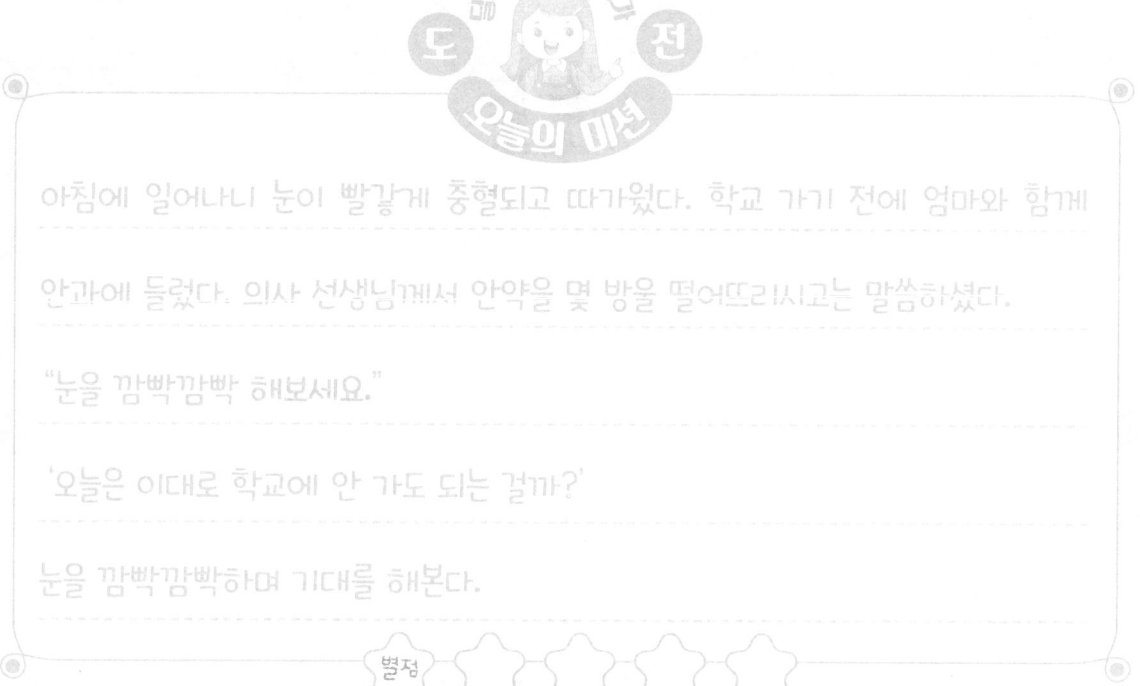

아침에 일어나니 눈이 빨갛게 충혈되고 따가웠다. 학교 가기 전에 엄마와 함께 안과에 들렀다. 의사 선생님께서 안약을 몇 방울 떨어뜨리시고는 말씀하셨다.

"눈을 깜빡깜빡 해보세요."

'오늘은 이대로 학교에 안 가도 되는 걸까?'

눈을 깜빡깜빡하며 기대를 해본다.

최고의 문장을 찾아 형광펜을 그어 보세요.

최고의 문장을 찾아 형광펜을 그어 보세요.

표현 19

톡톡
자꾸 가볍게 살짝살짝 치거나 건드리는 소리

먼저, 오늘의 미션을 교과서 수록 도서에서 찾아볼까요?

저는 짐 외삼촌께 아주 긴 시를 지어 드렸어요. 웃지는 않으셨지만 좋아하시는 것 같았어요. 외삼촌은 소리내어 시를 읽으시고 나서 셔츠 주머니에 그걸 넣고는 손가락으로 **톡톡** 두드리셨어요.

도서명

우리도 '톡톡'을 사용하면
이처럼 멋지고 특별한 이야기를 만들 수 있겠죠?

오늘의 미션 문장

도서관에서 책을 고르고 있었다.
친구가 와서 아는 척을 했다.

읽고 싶은 책이 있어서 도서관에 갔다. 열심히 책을 찾고 있는데 누군가 내 어깨를 톡톡 두드렸다. 뒤를 돌아보니 성호였다. 평소에 책을 많이 읽는 성호는 내가 찾는 책이 어디 있는지 잘 알고 있었다. "너 이 책 찾고 있었지?" 성호가 꼭 사서 선생님처럼 보였다.

최고의 문장을 찾아 형광펜을 그어 보세요.

최고의 문장을 찾아 형광펜을 그어 보세요.

와르르
쌓여 있던 물건들이 갑자기 무너지는 소리

먼저, 오늘의 미션을 교과서 수록 도서에서 찾아볼까요?

오늘 집에서 온 편지 봉투를 뜯자마자 흙이 길 위로 **와르르** 쏟아졌어요. 엠마 아줌마는 마구 웃어 젖혔어요. 다들 그 모습을 보셨어야 했는데.

도서명

우리도 '와르르'를 사용하면 이처럼 멋지고 특별한 이야기를 만들 수 있겠죠?

오늘의 미션 문장

**삼촌이 생일 선물을 주셨다.
새로 나온 레고를 받고 싶었는데 책을 사오셨다.**

삼촌은 항상 내 마음을 잘 알아준다. 내 마음 속에 들어가 본 것처럼 내가 먹고 싶은 것, 하고 싶은 것, 갖고 싶은 것을 잘 알아맞힌다. 이번 생일에도 틀림없이 내가 갖고 싶은 레고를 선물로 주겠지?

삼촌이 "짠" 하고 내민 선물은 30권짜리 동화전집이었다. 삼촌에 대한 나의 기대는 와르르 무너졌다.

최고의 문장을 찾아 형광펜을 그어 보세요.

오호, 제법인데? 그렇다면 나도 질 수 없지!

최고의 문장을 찾아 형광펜을 그어 보세요.

55

다름없다
견주어 보아 같거나 비슷하다

먼저, 오늘의 미션을 교과서 수록 도서에서 찾아볼까요?

오늘 짐 외삼촌이 희미하게 웃으시는 걸 보았어요. 가게는 빵을 사러 온 손님들로 꽉 찼어요. (음, 꽉 찬 거나 **다름없었어요**.)

도서명

우리도 '다름없다'를 사용하면 이처럼 멋지고 특별한 이야기를 만들 수 있겠죠?

오늘의 미션 문장

내일은 운동회날이다.
우리 팀이 이길 것 같다.

내일은 기다리고 기다리던 운동회날이다. 달리기도 하고, 굴리기도 하고, 줄다리기도 한다. 우리 팀에는 힘도 세고, 달리기도 잘하는 친구들이 많이 있다. 이번 운동회는 우리 팀이 이긴 것이나 다름없다. 운동회야, 너 거기서 딱 기다려라. 우리가 간다.

별점 ☆☆☆☆☆

최고의 문장을 찾아 형광펜 을 그어 보세요.

최고의 문장을 찾아 형광펜 을 그어 보세요.

표현 22

오톨도톨
거죽이나 바닥이 고르지 않고 여기저기 잘게 불거진 모양

먼저, 오늘의 미션을 교과서 수록 도서에서 찾아볼까요?

하루는 아저씨가 점자책을 보여 줬어요. 작은 점으로 된 글씨가 **오톨도톨** 나 있는데, 시각 장애인들은 이것을 손가락으로 만지면서 읽는다고 했어요. 나는 감자를 갈 때 쓰는 강판을 만지는 것 같았어요.

도서명

우리도 '오톨도톨'을 사용하면 이처럼 멋지고 특별한 이야기를 만들 수 있겠죠?

오늘의 미션 문장

깨끗한 내 얼굴에 뭐가 나기 시작했다.
속상하다.

58

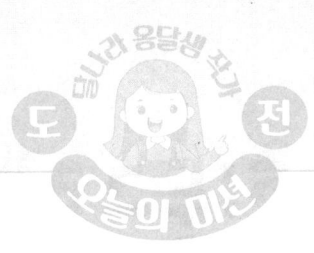

내 피부가 하얗고 깨끗해서 엄마는 항상 엄마의 피부와 바꾸자며 농담하신다. 내가 봐도 매끄럽고 탐나는 피부인데 갑자기 오톨도톨 뭐가 나기 시작했다.

"방학이라고 세수도 안 하더니 고것 참 쌤통이다. 이제 피부 안 바꿔도 돼."

엄마가 쌤통이라며 나를 놀린다. 속상하다.

별점 ☆☆☆☆

최고의 문장을 찾아 형광펜 을 그어 보세요.

작가

도 전

오늘의 미션

오호, 제법인데? 그렇다면 나도 질 수 없지!

별점 ☆☆☆☆

최고의 문장을 찾아 형광펜 을 그어 보세요.

휘둥그레

놀라거나 두려워서 눈이 크고 동그랗게 되는 모양

먼저, 오늘의 미션을 교과서 수록 도서에서 찾아볼까요?

어느 날, 학교에서 돌아온 나는 눈이 **휘둥그레**졌어요. 진짜 투명인간을 봤거든요. 투명인간은 거실에 앉아 엄마와 얘기하고 있었어요.

도서명

우리도 '휘둥그레'를 사용하면

이처럼 멋지고 특별한 이야기를 만들 수 있겠죠?

오늘의 미션 문장

학예회를 하는데 항상 책만 읽던 친구가 노래를 잘 불러서 놀랐다.

"우아! 정말 노래 잘한다."

가영이가 저렇게 노래를 잘 부르다니! 친구들이 모두 눈이 휘둥그레졌다. 평소에 조용히 책만 읽는 가영이에게 저런 모습이 숨겨져 있었다니, 놀라웠다. 짝짝짝짝! 가영이의 노래가 끝나자 모두 일어나서 박수를 쳤다.

별점 ☆☆☆☆☆

최고의 문장을 찾아 형광펜 을 그어 보세요.

작가

오호, 제법인데? 그렇다면 나도 질 수 없지!

별점 ☆☆☆☆☆

최고의 문장을 찾아 형광펜 을 그어 보세요.

표현 24

도대체

전혀 알지 못하거나 아주 궁금하여 묻는 것인데

먼저, 오늘의 미션을 교과서 수록 도서에서 찾아볼까요?

끝이 보이지 않을 만큼 넓디넓은 땅에, 잎이 세 개뿐인 나무들이 빽빽했습니다. 자세히 보니 그것은 클로버밭이었습니다. 발목까지밖에 오지 않던 화단 턱이 절벽처럼 높았습니다. **도대체** 무슨 일이 일어난 것일까요?

도서명

우리도 '도대체'를 사용하면
이처럼 멋지고 특별한 이야기를 만들 수 있겠죠?

오늘의 미션 문장

**말썽꾸러기 친구가 있다.
오늘도 말썽을 부리다가 선생님께 혼이 났다.**

달나라 우당생 작가

도 전

오늘의 미션

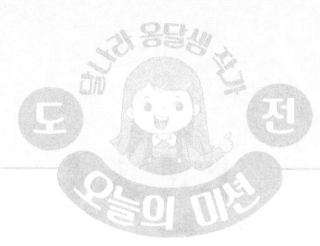

성진이는 하루도 선생님께 혼나지 않고 넘어가는 날이 없다. 어제는 복도에서 뛰다가 혼나고, 화장실에서 친구에게 물을 뿌려서 혼났다. 오늘은 친구에게 지우개를 던져서 혼나고, 물병으로 장난을 치다가 교실 바닥에 물을 쏟아서 혼났다. 도대체 성진이는 왜 그러는 걸까?

별점

최고의 문장을 찾아 형광펜 을 그어 보세요.

작가

오호, 제법인데? 그렇다면 나도 질 수 없지!

도 전

오늘의 미션

별점

최고의 문장을 찾아 형광펜 을 그어 보세요.

덥석

왈칵 달려들어 냉큼 물거나 움켜잡는 모양

먼저, 오늘의 미션을 교과서 수록 도서에서 찾아볼까요?

베짱이는 서둘러 쥐를 찾아가려는 할아버지를 **덥석** 잡았습니다.
"안 돼요, 할아버지! 흉악한 쥐들이 할아버지를 잡아먹을지도 모른다고요! 제가 도와 드릴게요."

도서명

우리도 '덥석'을 사용하면 이처럼 멋지고 특별한 이야기를 만들 수 있겠죠?

오늘의 미션 문장

이웃집 할머니를 도와드렸다.
할머니께서 고맙다고 하셨다.

무거운 물건을 들고 가시는 옆집 할머니를 보았다. 할머니 댁까지 짐을 들어다 드렸다. 할머니께서는 내 손을 덥석 잡으시며 고맙다고 말씀하셨다. 할머니의 손이 따뜻해서인지 내 마음까지 따뜻해지는 것 같았다. 누군가를 돕는다는 건 참 보람 있는 일이다.

최고의 문장을 찾아 형광펜을 그어 보세요.

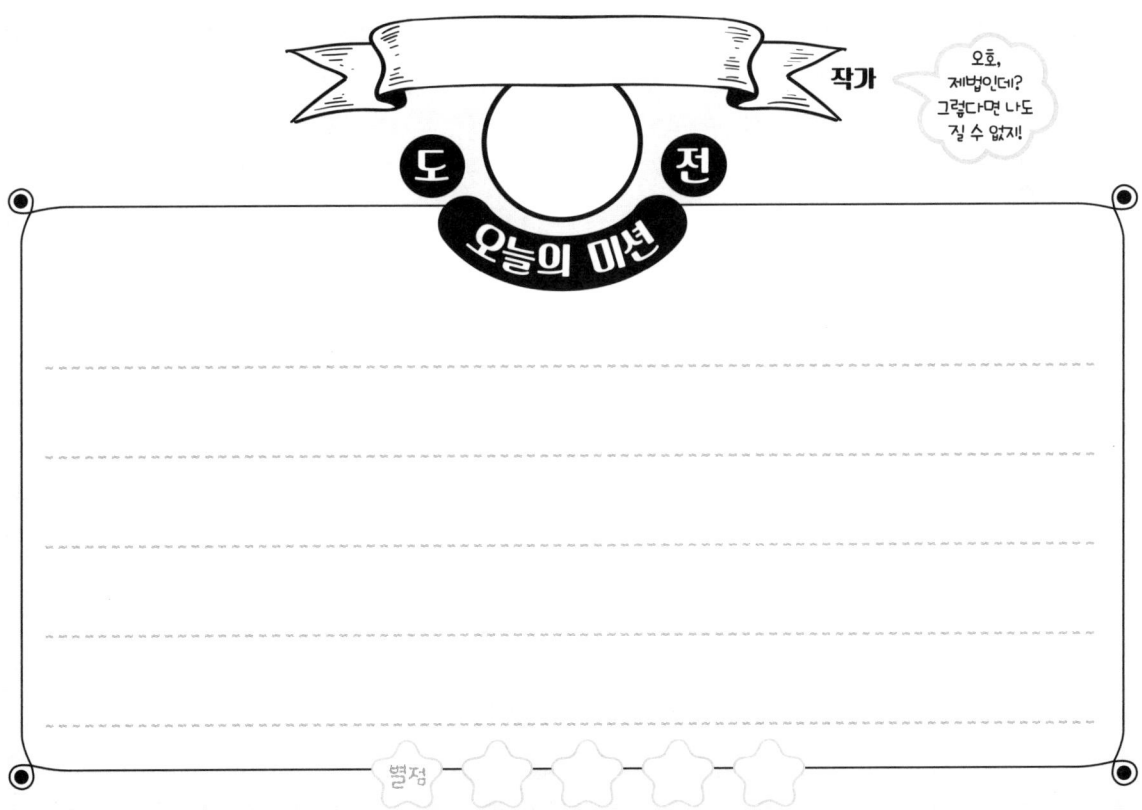

최고의 문장을 찾아 형광펜을 그어 보세요.

꿀꺽

음식이 목구멍으로 한꺼번에 많이 넘어가는 소리

먼저, 오늘의 미션을 교과서 수록 도서에서 찾아볼까요?

할아버지가 베를 내주자, 쥐들은 할아버지에게 마법 열매를 주었습니다. 마루 밑에서 나온 할아버지는 열매를 입에 넣고 **꿀꺽** 삼켰습니다. 순간 할아버지는 몸이 풍선처럼 부풀어 오르는 듯한 기분이 드는가 싶더니 본래 크기로 돌아왔습니다.

도서명

우리도 '꿀꺽'을 사용하면 이처럼 멋지고 특별한 이야기를 만들 수 있겠죠?

오늘의 미션 문장

감기에 걸렸다.
약이 써서 겨우 삼켰다.

"콜록콜록."

감기에 걸렸다. 병원에 들렀다가 약국에서 약을 지어왔다. 주사를 맞는 것도 싫지만 쓴 약을 하루 세 번 먹는 것도 쉽지 않다. 약을 먹을 땐 물을 입 안 가득 머금은 후에 약과 함께 꿀꺽 삼켜버리는 게 최고다. 으, 그래도 그렇지, 이건 너무 쓴데?

최고의 문장을 찾아 형광펜을 그어 보세요.

최고의 문장을 찾아 형광펜을 그어 보세요.

표현 27

닭똥 같은 눈물
방울이 몹시 굵은 눈물을 비유적으로 이르는 말

먼저, 오늘의 미션을 교과서 수록 도서에서 찾아볼까요?

은지는 **닭똥 같은 눈물**을 흘리며 만복이와 짝이 되기 싫다고 말했고, 선생님은 할 수 없이 다른 아이와 짝을 정해 주었어. 그래서 만복이는 또 혼자가 되었지.

도서명

우리도 '닭똥 같은 눈물'을 사용하면 이처럼 멋지고 특별한 이야기를 만들 수 있겠죠?

오늘의 미션 문장

내 숙제에 낙서를 한 동생에게 화를 냈다.
동생이 울었다.

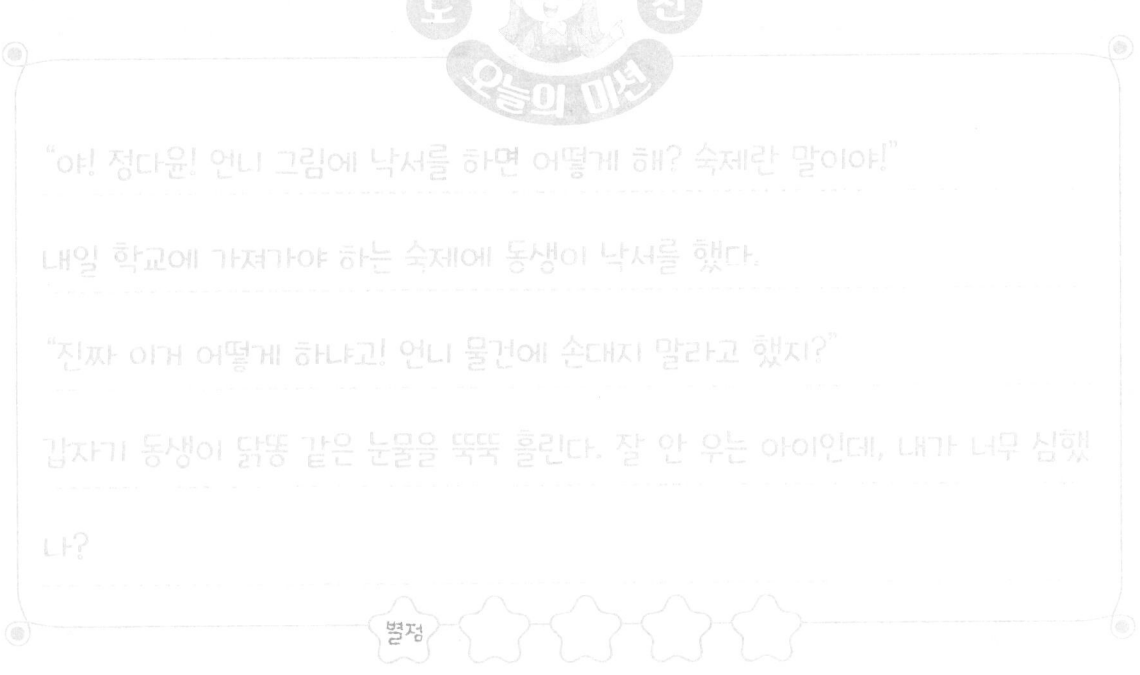

"야! 정다윤! 언니 그림에 낙서를 하면 어떻게 해? 숙제란 말이야!"

내일 학교에 가져가야 하는 숙제에 동생이 낙서를 했다.

"진짜 이거 어떻게 하냐고! 언니 물건에 손대지 말라고 했지?"

갑자기 동생이 닭똥 같은 눈물을 뚝뚝 흘린다. 잘 안 우는 아이인데, 내가 너무 심했나?

최고의 문장을 찾아 형광펜 을 그어 보세요.

최고의 문장을 찾아 형광펜 을 그어 보세요.

슬금슬금
눈에 띄지 않게 슬며시 움직이는 모양

먼저, 오늘의 미션을 교과서 수록 도서에서 찾아볼까요?

아무도 만복이와 놀아 주지 않았고, 만복이만 나타나면 친구들도 **슬금슬금** 자리를 피했어. 만복이는 너무 속상해서 눈물이 나올 것 같았어. 왜 그렇게 입만 열면 이상한 말들이 쏟아져 나오는지, 도무지 이유를 모르겠단 말이야.

도서명

우리도 '슬금슬금'을 사용하면 이처럼 멋지고 특별한 이야기를 만들 수 있겠죠?

오늘의 미션 문장

누나의 아이스크림이 사라졌다.
누나가 범인을 찾고 있다.

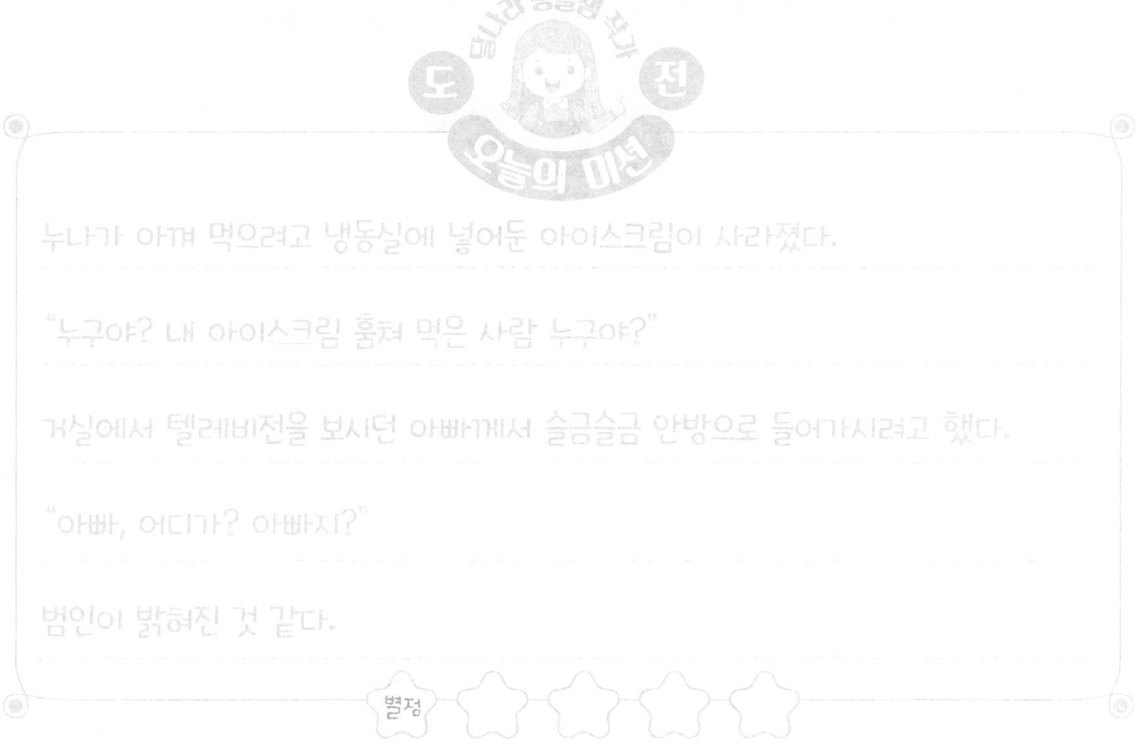

누나가 아껴 먹으려고 냉동실에 넣어둔 아이스크림이 사라졌다.

"누구야? 내 아이스크림 훔쳐 먹은 사람 누구야?"

거실에서 텔레비전을 보시던 아빠께서 슬금슬금 안방으로 들어가시려고 했다.

"아빠, 어디가? 아빠지?"

범인이 밝혀진 것 같다.

최고의 문장을 찾아 형광펜 을 그어 보세요.

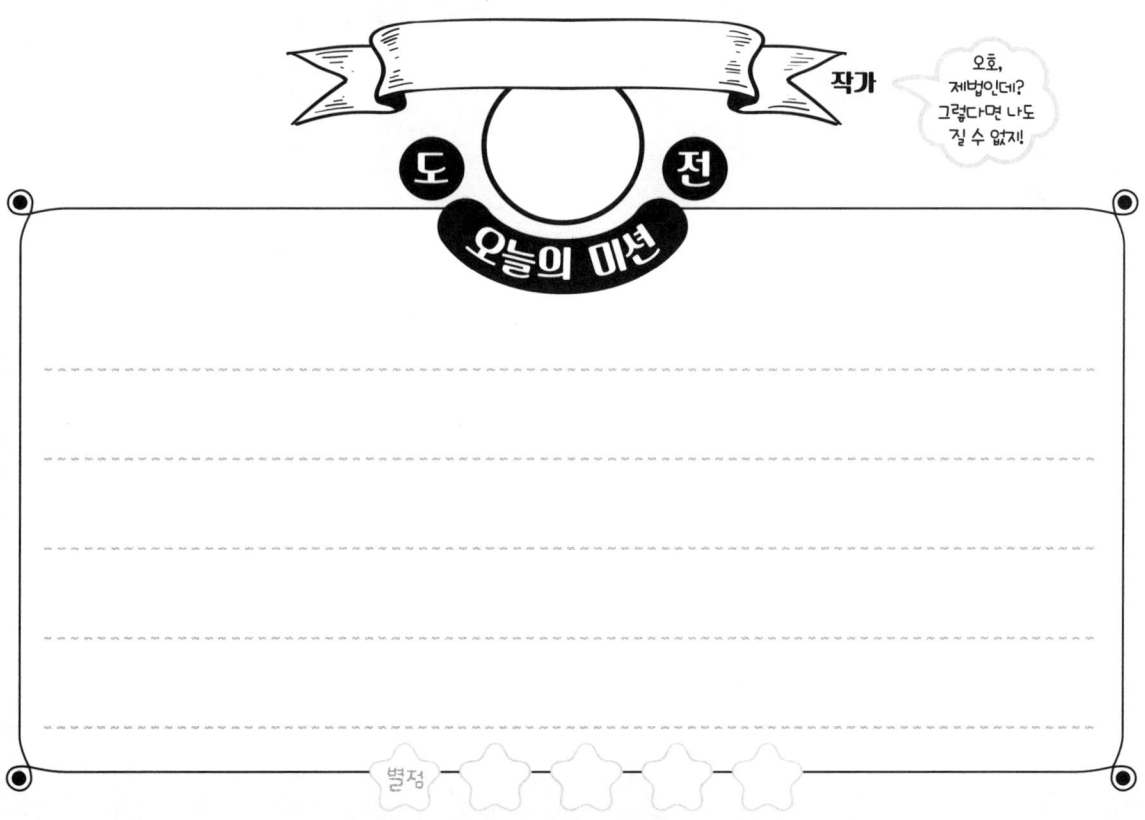

최고의 문장을 찾아 형광펜 을 그어 보세요.

표연 29

쫀득쫀득
음식이 매우 쫄깃쫄깃하게 씹히는 느낌

먼저, 오늘의 미션을 교과서 수록 도서에서 찾아볼까요?

찹쌀떡을 냉큼 한 입 깨물었지. **쫀득쫀득**한 찹쌀떡이 입안에 척척 달라붙지 뭐야. 그동안 먹어봤던 찹쌀떡과는 비교도 안 되게 맛있었어.

도서명

우리도 '쫀득쫀득'을 사용하면
이처럼 멋지고 특별한 이야기를 만들 수 있겠죠?

오늘의 미션 문장

라면을 먹고 싶었는데 칼국수를 먹었다.
생각보다 맛있었다.

"엄마, 라면 먹고 싶다고 했잖아요. 칼국수는 별로인데."

엄마는 해물을 듬뿍 넣고 끓이셨다며 칼국수를 한 그릇 가득 떠 주셨다. 생각보다 칼국수가 무척 맛있었다. 면발이 쫀득쫀득한 게 자꾸만 젓가락이 갔다.

"엄마, 한 그릇 더요."

최고의 문장을 찾아 형광펜을 그어 보세요.

최고의 문장을 찾아 형광펜을 그어 보세요.

어슬렁어슬렁
몸집이 큰 사람이나 짐승이 천천히 걸어 다니는 모양

먼저, 오늘의 미션을 교과서 수록 도서에서 찾아볼까요?

아쉬운 대로 착한 일 두 개를 하고 바람떡을 먹기로 했어. 그런데 어떻게 착한 일을 하지? 만복이는 쉬는 시간마다 교실을 **어슬렁어슬렁** 돌아다녔어.

도서명

우리도 '어슬렁어슬렁'을 사용하면 이처럼 멋지고 특별한 이야기를 만들 수 있겠죠?

오늘의 미션 문장

친구와 놀이터에서 만나기로 약속을 했다.
그런데 늦게 왔다.

오후 12시 10분이다. 12시에 만나기로 했는데 10분이 지나도 친구가 오지 않는다. 시계를 보고 고개를 드는데 멀리서 친구의 모습이 보이기 시작한다. 늦었는데도 어슬렁어슬렁 걸어오고 있다. 요 녀석을 어떻게 해야 내 속이 시원해지려나?

별점 ☆☆☆☆

최고의 문장을 찾아 형광펜 을 그어 보세요.

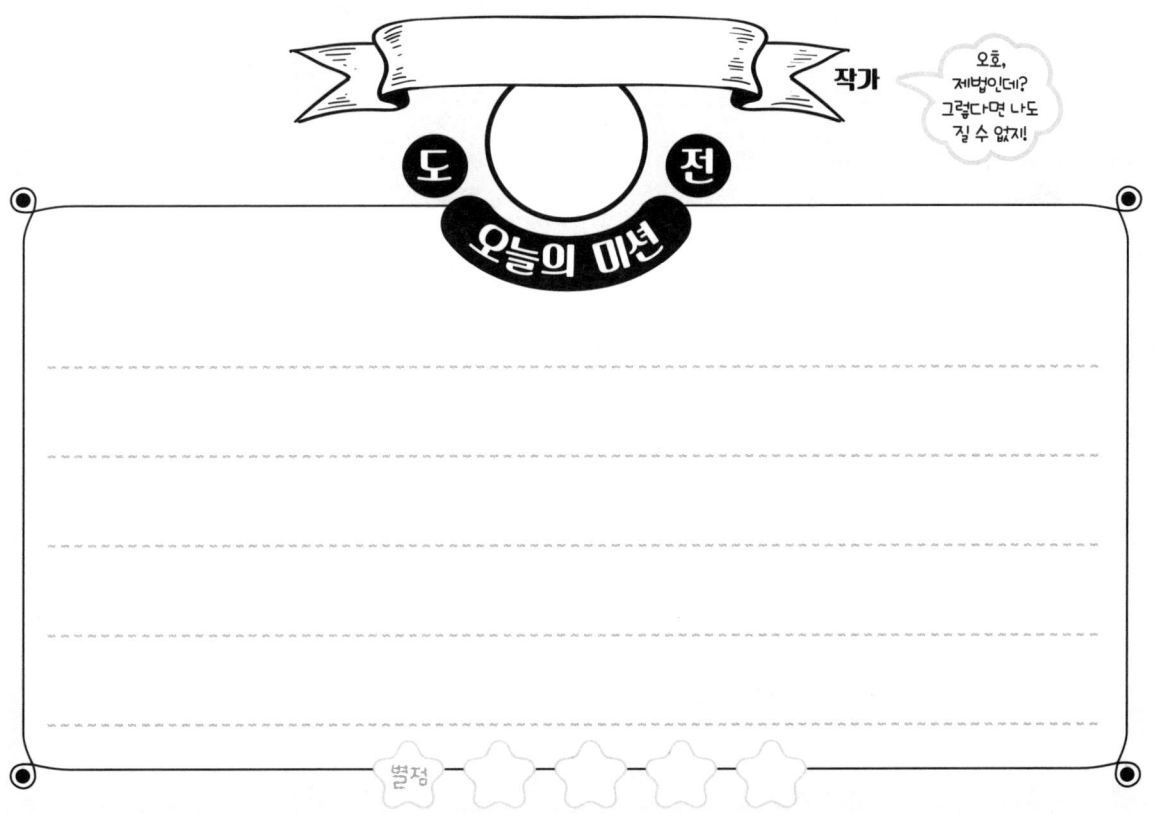

최고의 문장을 찾아 형광펜 을 그어 보세요.

표현 31

트집 잡다
조그만 흠집을 들추어내거나 없는 흠집을 만들다

먼저, 오늘의 미션을 교과서 수록 도서에서 찾아볼까요?

> 혹시라도 누군가 도움이 필요하면 달려가서 도와줄 생각이었지. 하지만 아이들은 만복이가 또 무슨 **트집이라도 잡으려는** 줄 알고, 만복이가 다가오면 슬쩍 자리를 피해 도망을 다녔어. 만복이는 저절로 힘이 쪽 빠졌어.

도서명

우리도 '트집 잡다'를 사용하면 이처럼 멋지고 특별한 이야기를 만들 수 있겠죠?

오늘의 미션 문장

엄마, 아빠가 다투셨다. 엄마가 화가 많이 나셨다. 조심해야겠다.

아빠가 갑자기 약속이 생겨서 늦게 오신다고 한다. 엄마 눈썹이 위로 올라가기 시작했다. 이럴 땐 조심해야 한다. 언니와 나는 트집 잡힐 일이 없도록 방 정리를 하고 예쁘게 앉아 공부를 하기 시작했다. 엄마가 우리를 보며 흐뭇하게 웃으셨다.

"휴, 완벽했어."

언니와 난 하이 파이브를 했다.

최고의 문장을 찾아 형광펜을 그어 보세요.

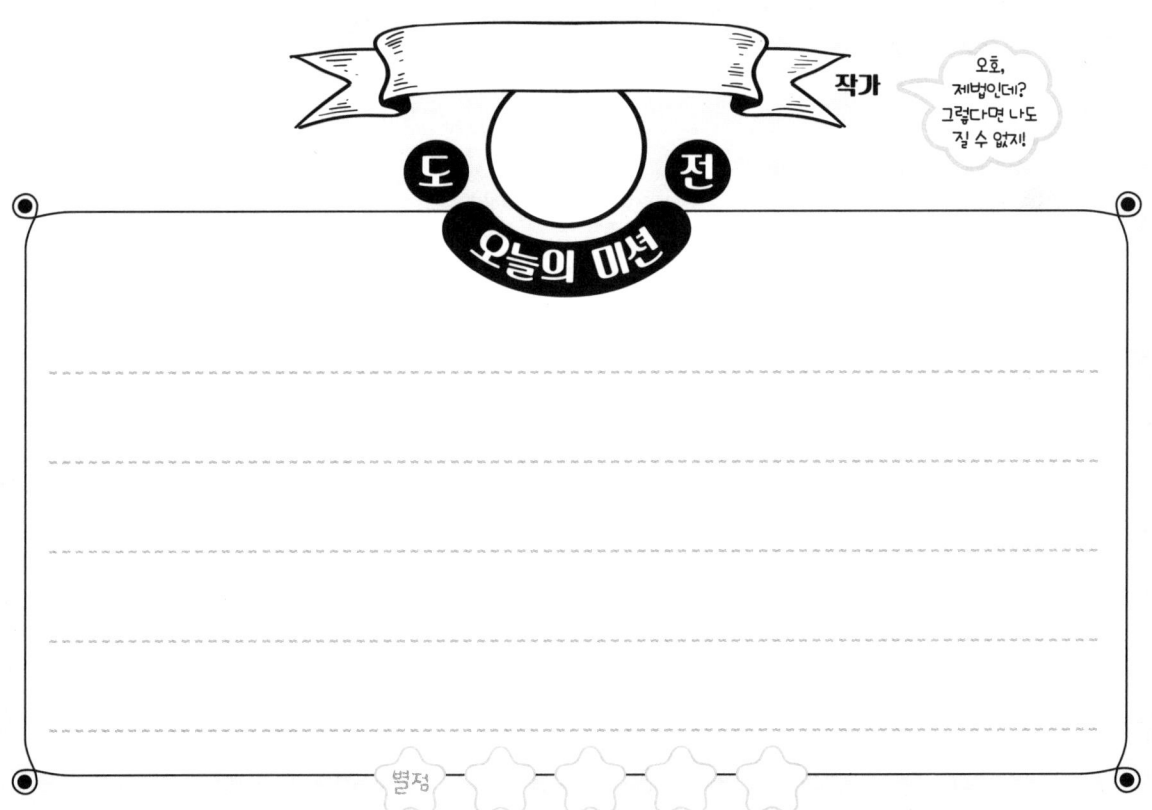

최고의 문장을 찾아 형광펜을 그어 보세요.

표현

히죽히죽
만족스러운 듯이 자꾸 슬쩍 웃는 모양

먼저, 오늘의 미션을 교과서 수록 도서에서 찾아볼까요?

바람떡을 입에 넣자, "휘휘휘" 입에서 휘파람 소리가 났어. 그리고 배 속에 바람이 들어간 것처럼 간질간질한 게 가만히 있어도 저절로 웃음이 나오지 뭐야. 만복이는 **히죽히죽** 웃으며 집으로 돌아갔어.

도서명

 우리도 '히죽히죽'을 사용하면 이처럼 멋지고 특별한 이야기를 만들 수 있겠죠?

오늘의 미션 문장

짝을 바꾸었다.
예쁘고 착한 친구가 내 짝이 되었다.

오늘은 한 달에 한 번 짝을 바꾸는 날이다. 이번에는 남자 친구들이 짝꿍의 이름을 뽑는 방법이다. 조심스럽게 종이를 뽑았다.

'조하은.'

예쁘고 착한 하은이의 이름이 쓰여 있다. 히히, 나도 모르게 히죽히죽 웃음이 나왔다.

최고의 문장을 찾아 형광펜 을 그어 보세요.

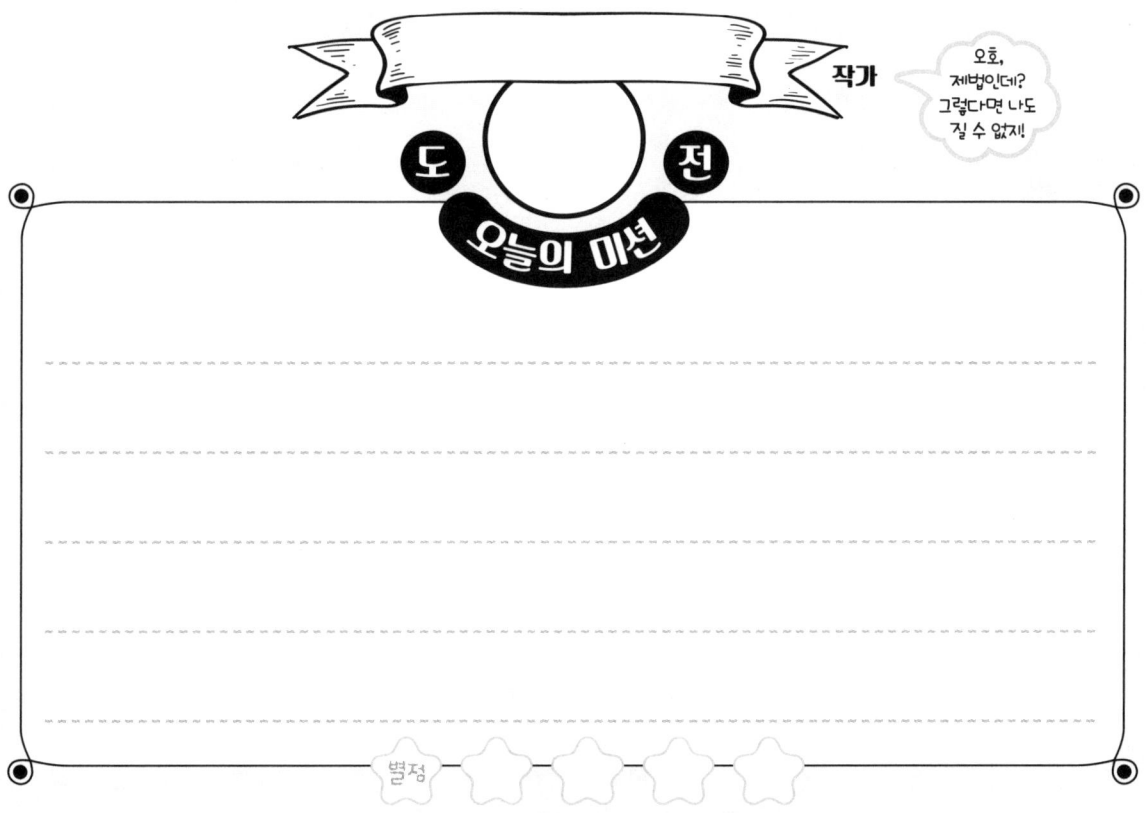

최고의 문장을 찾아 형광펜 을 그어 보세요.

헤벌쭉

입이나 구멍이 넓게 벌어진 모양

먼저, 오늘의 미션을 교과서 수록 도서에서 찾아볼까요?

"깡패 만복이 온다."
다른 때 같으면 주먹이 바로 날아갔을 거야. 하지만 만복이는 교실에 들어서며 **헤벌쭉** 웃기만 했어.

도서명

우리도 '헤벌쭉'을 사용하면 이처럼 멋지고 특별한 이야기를 만들 수 있겠죠?

오늘의 미션 문장

짝꿍이 된 친구가 사이좋게 지내자며 사탕을 주었다.
웃음이 나왔다.

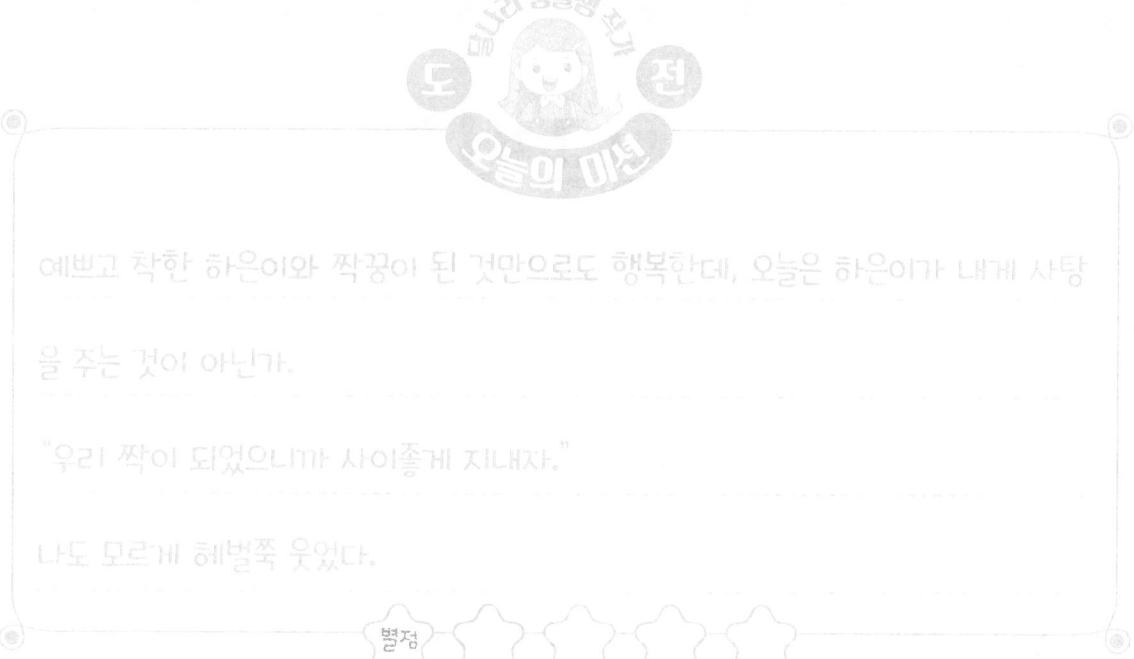

예쁘고 착한 하은이와 짝꿍이 된 것만으로도 행복한데, 오늘은 하은이가 내게 사탕을 주는 것이 아닌가.

"우리 짝이 되었으니까 사이좋게 지내자."

나도 모르게 헤벌쭉 웃었다.

최고의 문장을 찾아 형광펜 을 그어 보세요.

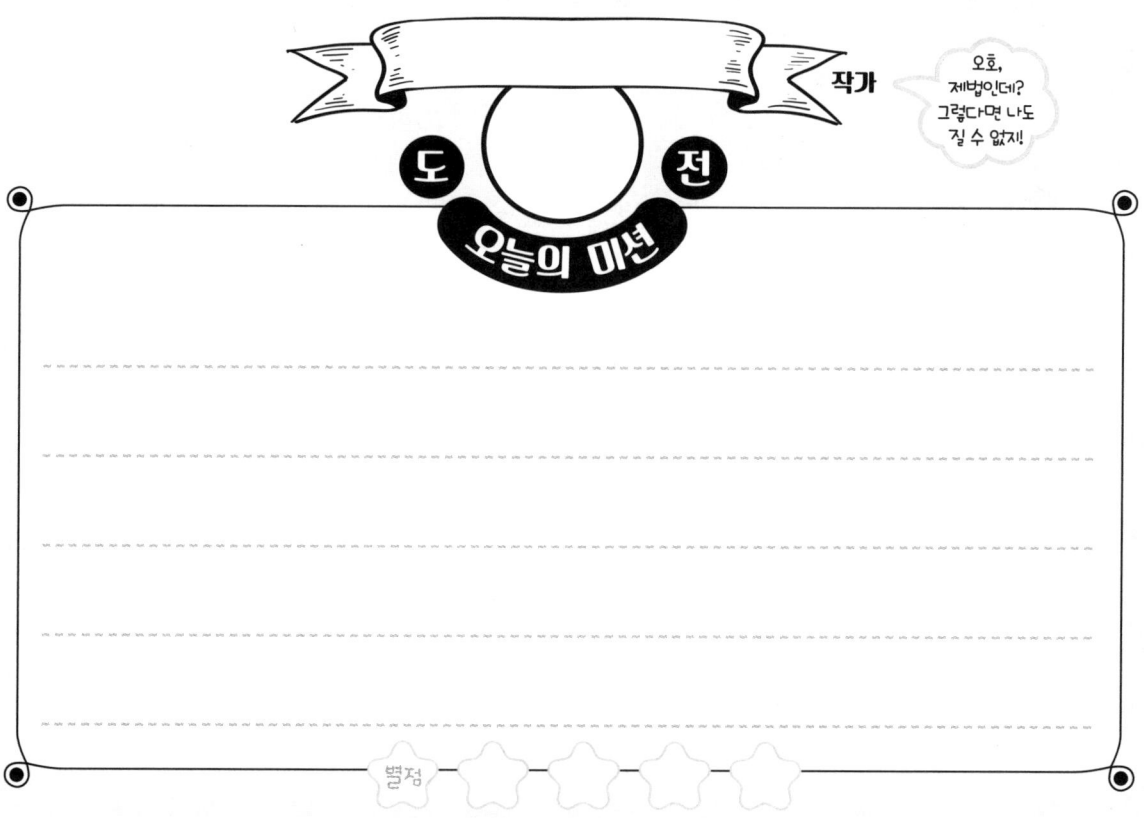

최고의 문장을 찾아 형광펜 을 그어 보세요.

표현 34

싱글벙글
눈과 입을 크게 움직이면서 환하게 웃는 모양

먼저, 오늘의 미션을 교과서 수록 도서에서 찾아볼까요?

"심술쟁이 만복이 온다."
누군가 소리쳤어. 하지만 만복이는 **싱글벙글** 웃으며 친구들 모두에게 칭찬을 했어.
은지한테는 "너, 눈이 참 예쁘구나?" 하고 칭찬했고, 동환이한테는 "넌 그림을 잘 그리는구나!" 하고 말했어.

도서명

우리도 '싱글벙글'을 사용하면 이처럼 멋지고 특별한 이야기를 만들 수 있겠죠?

오늘의 미션 문장

오빠에게 여자친구가 생겼다.
기분이 좋아 보인다.

요즘 오빠가 하루 종일 싱글벙글 웃고 다닌다.

"엄마, 요즘 오빠가 왜 저렇게 기분이 좋아?"

"여자친구가 생겼대."

매일 짜증만 내던 오빠가 웃고 다니니까 나도 덩달아 싱글벙글 웃게 된다.

최고의 문장을 찾아 형광펜을 그어 보세요.

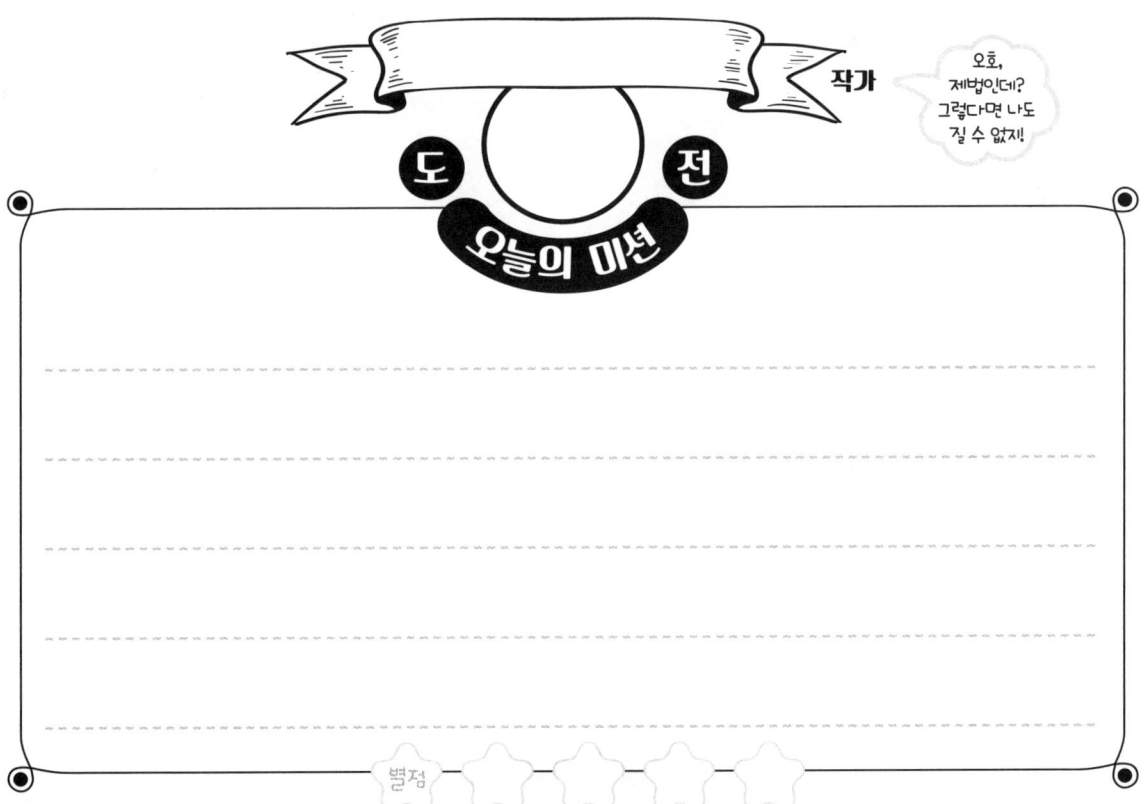

최고의 문장을 찾아 형광펜을 그어 보세요.

표현 35

몽실몽실
구름이나 연기가 뭉쳐서 가볍게 떠 있는 모양

먼저, 오늘의 미션을 교과서 수록 도서에서 찾아볼까요?

무지개떡은 아주 구수하고, 신비롭고, 독특한 맛이었어. 지금까지 먹어 본 떡하고는 많이 달랐어. 무지개떡을 먹자, 저절로 재미있는 이야기들이 머릿속에 **몽실몽실** 떠올랐어.

도서명

우리도 '몽실몽실'을 사용하면 이처럼 멋지고 특별한 이야기를 만들 수 있겠죠?

오늘의 미션 문장

가을 하늘은 참 파랗고 예쁘다.
구름도 예쁘다.

가을 하늘을 올려다보았다. 어찌나 파란지, 하늘색이 아니라 파란색이라고 불러야 할 것 같다. 하늘 가운데에 하얀 구름도 몽실몽실 떠 있다. 이렇게 예쁜 모습은 사진으로 찍어 남겨두어야겠다. 찰칵!

별점 ☆☆☆☆

최고의 문장을 찾아 형광펜 을 그어 보세요.

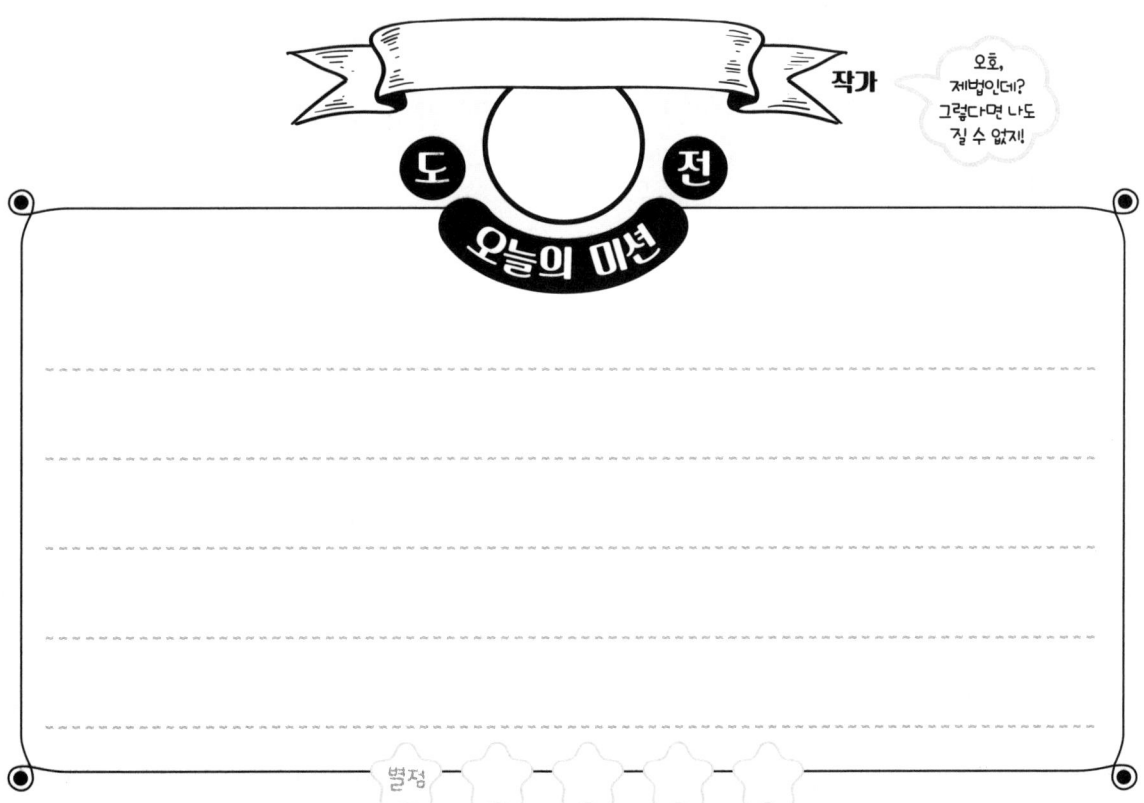

별점 ☆☆☆☆

최고의 문장을 찾아 형광펜 을 그어 보세요.

알쏭달쏭
그런 것 같기도 하고 그렇지 않은 것 같기도 한 모양

먼저, 오늘의 미션을 교과서 수록 도서에서 찾아볼까요?

만복이는 머릿속에 떠오르는 재미있는 이야기를 친구들한테 들려주었어. 구수한 옛이야기부터 **알쏭달쏭**한 수수께끼, 무시무시한 귀신 이야기까지 만복이가 입만 열면 재미있는 이야기들이 술술술 쏟아져 나왔어.

도서명

우리도 '알쏭달쏭'을 사용하면 이처럼 멋지고 특별한 이야기를 만들 수 있겠죠?

오늘의 미션 문장

내 친구도 나를 좋아하는 것 같다. 아닌가?

하은이는 연필도 잘 빌려주고 지우개도 잘 빌려준다. 내가 교과서를 안 펴고 있으면 어디 할 차례인지도 알려준다. 이렇게 친절한 걸 보면 나를 좋아하는 것 같다. 하지만 하은이는 다른 친구들에게도 친절하다. 그럼 아닌가? 하은이가 나를 좋아하는 건지, 아닌지 알쏭달쏭하다.

별점 ☆☆☆☆

최고의 문장을 찾아 형광펜 을 그어 보세요.

최고의 문장을 찾아 형광펜 을 그어 보세요.

쑥덕쑥덕

남이 알아듣지 못하도록 낮은 목소리로 말하는 소리

먼저, 오늘의 미션을 교과서 수록 도서에서 찾아볼까요?

강아지가 달려와서 만복이가 던져 준 소시지 빵을 덥석 받아먹었어.
'아, 맛있다. 정말 고마운 아이야.'
강아지의 생각이 다시 **쑥덕쑥덕** 들렸어. 만복이는 신이 나서 헤벌쭉 웃었지.

도서명

우리도 '쑥덕쑥덕'을 사용하면 이처럼 멋지고 특별한 이야기를 만들 수 있겠죠?

오늘의 미션 문장

친한 친구가 다른 아이와 귓속말을 하고 있다.
기분이 나쁘고 속상했다.

나와 친한 친구 태희가 가은이와 쑥덕쑥덕 무슨 이야기를 나누더니 나를 흘깃 쳐다보았다. 그리고 다시 쑥덕쑥덕. 나는 매우 기분이 나빴다. 무슨 말을 했는지는 모르겠지만 왠지 속상해서 눈물이 왈칵 나왔다.

별점 ☆☆☆☆☆

최고의 문장을 찾아 형광펜 을 그어 보세요.

최고의 문장을 찾아 형광펜 을 그어 보세요.

표현

씰룩씰룩
근육의 한 부분이 비뚤어지게 움직이는 모양

먼저, 오늘의 미션을 교과서 수록 도서에서 찾아볼까요?

무틀라는 별들이 하나 둘 사라지는 것을 보면서 앉아 있었어요.
날이 점점 밝아 오자 무틀라는 주변에서 나는 소리에 귀를 기울였어요.
이쪽에서 **씰룩씰룩**, 저쪽에서 부스럭부스럭.

도서명

우리도 '씰룩씰룩'을 사용하면 이처럼 멋지고 특별한 이야기를 만들 수 있겠죠?

오늘의 미션 문장

동생이 춤을 춘다.
귀엽다.

엉덩이는 씰룩씰룩, 어깨는 들썩들썩. 동생이 유치원에서 배웠다며 가족 앞에서 춤을 춘다. 말썽꾸러기 내 동생이지만 저럴 때는 귀여워서 볼을 꼬집어 주고 싶다. 한 바퀴 돌고, 다시 엉덩이를 씰룩씰룩! 어깨를 들썩들썩!

별점 ☆☆☆☆☆

최고의 문장을 찾아 형광펜을 그어 보세요.

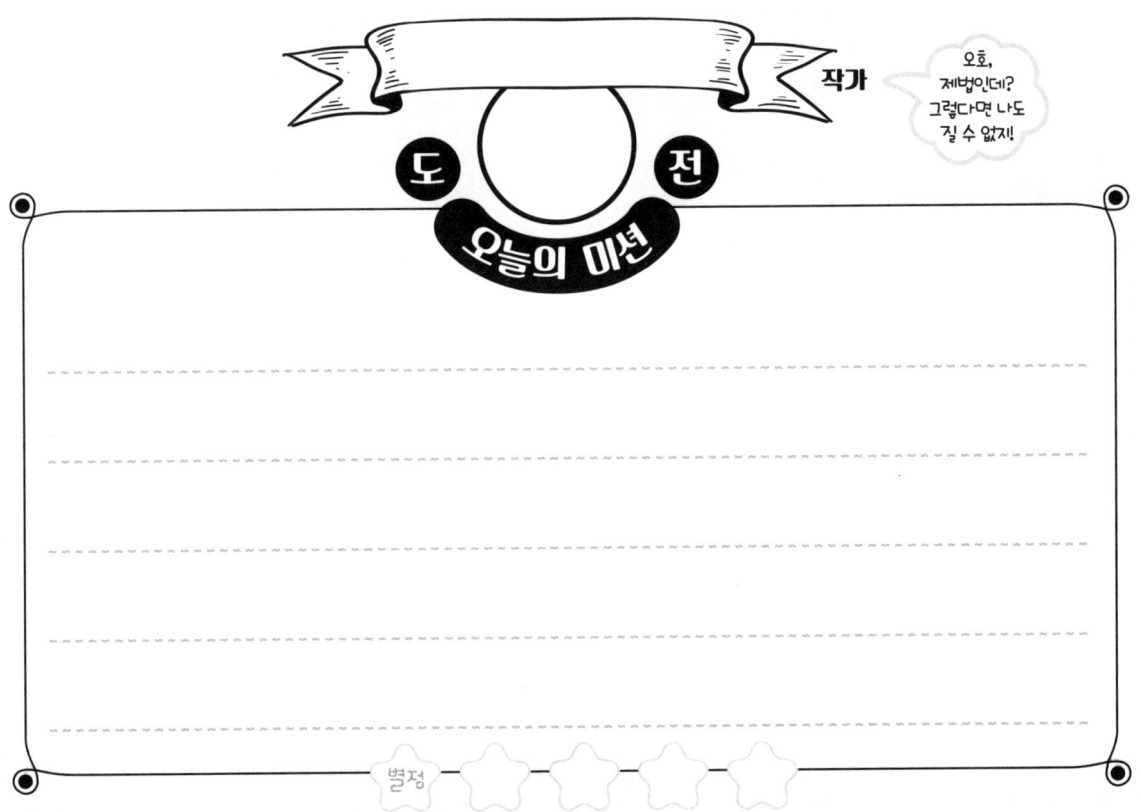

최고의 문장을 찾아 형광펜을 그어 보세요.

파닥파닥

작은 새가 가볍고 빠르게 잇따라 날개 치는 소리나 그 모양

먼저, 오늘의 미션을 교과서 수록 도서에서 찾아볼까요?

어떤 새들은 삐리삐리 지저귀고 어떤 새들은 **파닥파닥** 날기도 했어.
특별할 게 하나도 없는 평범한 아침이었어요!
무툴라는 굴을 나와서 바위를 기어올랐어요.

도서명

우리도 '파닥파닥'을 사용하면
이처럼 멋지고 특별한 이야기를 만들 수 있겠죠?

오늘의 미션 문장

공원에서 참새를 봤다.
신기했다.

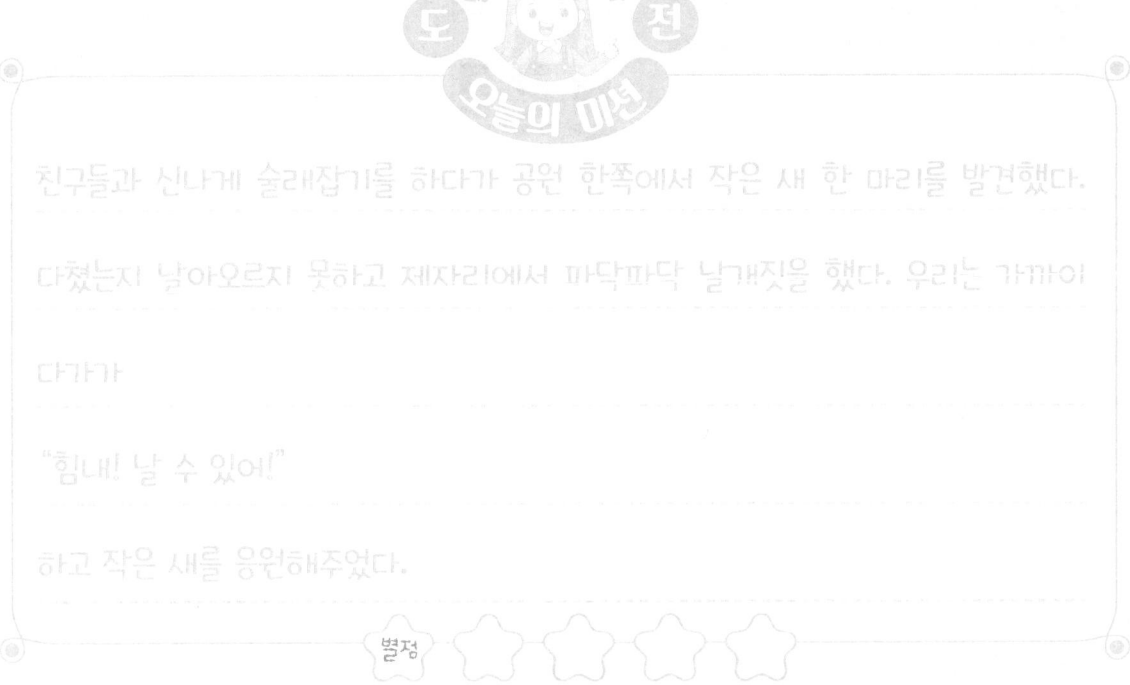

친구들과 신나게 술래잡기를 하다가 공원 한쪽에서 작은 새 한 마리를 발견했다.

다쳤는지 날아오르지 못하고 제자리에서 파닥파닥 날갯짓을 했다. 우리는 가까이 다가가

"힘내! 날 수 있어!"

하고 작은 새를 응원해주었다.

최고의 문장을 찾아 형광펜 을 그어 보세요.

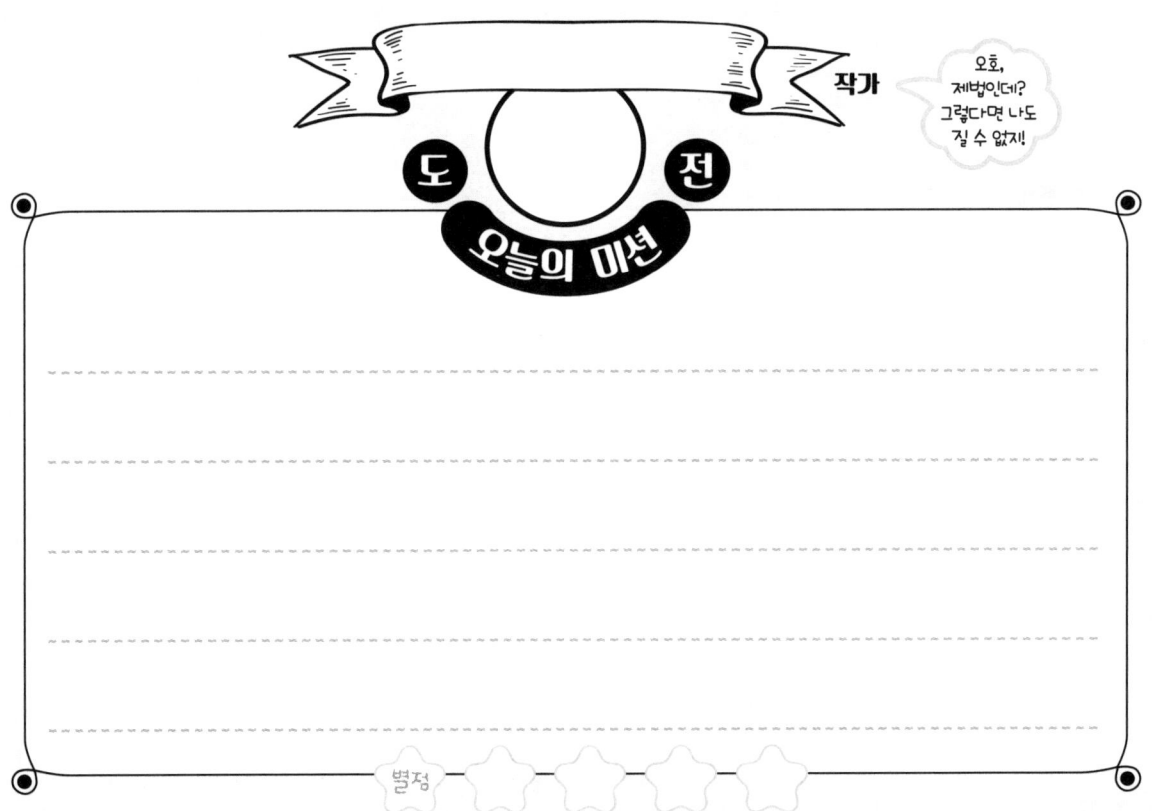

최고의 문장을 찾아 형광펜 을 그어 보세요.

부르르
몸을 크게 떠는 모양

먼저, 오늘의 미션을 교과서 수록 도서에서 찾아볼까요?

"으으으으으음! 맛있어!"

무틀라는 기분이 좋아서 몸을 **부르르** 떨었어요. 신선한 아침 이슬을 머금은 새싹들보다 더 맛있는 건 없어요!

도서명

우리도 '부르르'를 사용하면

이처럼 멋지고 특별한 이야기를 만들 수 있겠죠?

오늘의 미션 문장

친구들이 내 짝에게 키가 작다고 놀렸다.
내 짝이 화를 냈다.

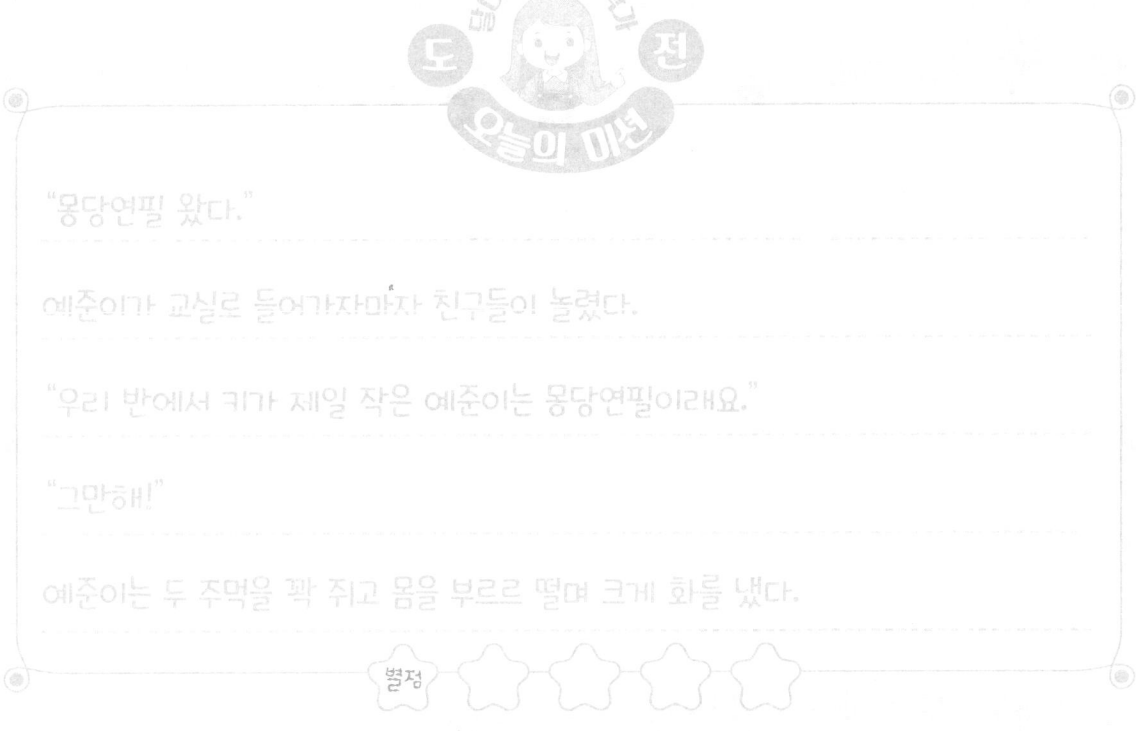

"몽당연필 왔다."

예준이가 교실로 들어가자마자 친구들이 놀렸다.

"우리 반에서 키가 제일 작은 예준이는 몽당연필이래요."

"그만해!"

예준이는 두 주먹을 꽉 쥐고 몸을 부르르 떨며 크게 화를 냈다.

최고의 문장을 찾아 형광펜을 그어 보세요.

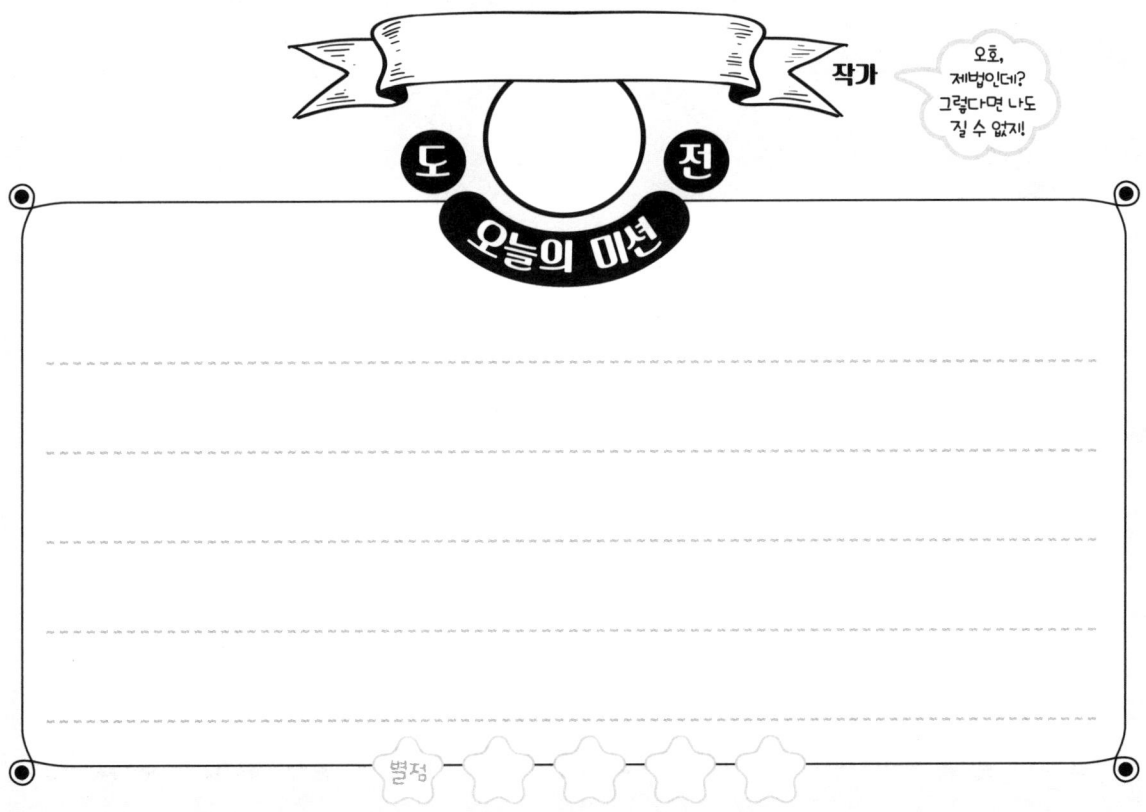

최고의 문장을 찾아 형광펜을 그어 보세요.

표현

오도 가도 못하다

(사람이) 이러지도 저러지도 못하는 상태가 되다

먼저, 오늘의 미션을 교과서 수록 도서에서 찾아볼까요?

휘이이익! 무툴라는 무언가에 포를 맞을 뻔했어요. 그것 때문에 무툴라는 **오도 가도 못했지요.**
코끼리 투루가 나타난 거예요.

도서명

우리도 '오도 가도 못하다'를 사용하면 이처럼 멋지고 특별한 이야기를 만들 수 있겠죠?

오늘의 미션 문장

친구와 집으로 가려는데 다른 친구가 나에게 청소가 끝날 때까지 기다려달라고 했다. 먼저 가야 할지 고민이 되었다.

수업이 끝나고 나는 정석이와 집으로 가기로 했다. 가방을 메려는 순간 나에게 석구가 집에 같이 가자고 했다.

"금방 청소 끝나. 같이 가자."

석구는 기다려달라고 하고, 정석이는 빨리 집에 가자고 하고. 나는 가운데서 오도 가도 못하고 교실 문 앞에 서 있었다.

최고의 문장을 찾아 형광펜을 그어 보세요.

최고의 문장을 찾아 형광펜을 그어 보세요.

질겅질겅
질긴 물건을 거칠게 자꾸 씹는 모양

먼저, 오늘의 미션을 교과서 수록 도서에서 찾아볼까요?

투루는 잎사귀들을 **질겅질겅** 씹으면서 푹 들어간 깊은 눈으로 무툴라를 쳐다보았어요. 무툴라는 침착한 척했어요. 비록 가슴은 콩닥콩닥 몹시 뛰었지만요.

도서명

우리도 '질겅질겅'을 사용하면 이처럼 멋지고 특별한 이야기를 만들 수 있겠죠?

오늘의 미션 문장

친구가 수업 시간에 껌을 씹다가 들켰다.
선생님께 혼났다.

"김정우, 껌 뱉어. 수업 시간에 껌을 씹는 사람이 어디 있니?"

정우가 수업 시간에 선생님께 혼이 났다. 정우가 아침부터 질겅질겅 껌 씹는 모습이 보기 싫었는데 드디어 뱉었다. 내가 속이 다 후련했다.

별점 ☆☆☆☆☆

최고의 문장을 찾아 형광펜을 그어 보세요.

별점 ☆☆☆☆☆

최고의 문장을 찾아 형광펜을 그어 보세요.

표현 43 콧방귀를 뀌다
들은 체 만 체 말대꾸를 하지 않다

먼저, 오늘의 미션을 교과서 수록 도서에서 찾아볼까요?

"네가? 너 같은 꼬맹이가? 흥, 푸우하하하!"
투루는 **콧방귀를 뀌며** 웃었어요. 무툴라가 재빨리 옆으로 피하지 않았다면 투루의 콧바람에 하늘 높이 날아가 버렸을 거예요.

도서명

우리도 '콧방귀를 뀌다'를 사용하면 이처럼 멋지고 특별한 이야기를 만들 수 있겠죠?

오늘의 미션 문장

엄마가 또 다이어트를 한다고 하신다.
아빠가 웃었다.

"오늘부터 닭가슴살이랑 채소만 먹을 거야."

엄마가 또 다이어트를 선언하셨다. 옆에 있던 아빠가 콧방귀를 뀌며 고개를 절레절레 흔드셨다. 언니랑 나도 풉 하고 웃음이 나왔다. 이번 다이어트는 3일 정도 유지되려나?

최고의 문장을 찾아 형광펜을 그어 보세요.

최고의 문장을 찾아 형광펜을 그어 보세요.

표현

쩌렁쩌렁

목소리가 크고 높게 울리는 소리

먼저, 오늘의 미션을 교과서 수록 도서에서 찾아볼까요?

쿠부는 입을 쩍 벌렸어요. 입이 어찌나 큰지 동굴처럼 보이는 목구멍 속까지 다 보였어요. 하품을 한 뒤 하마 쿠부는 **쩌렁쩌렁**한 목소리로 말했어요.

도서명

우리도 '쩌렁쩌렁'을 사용하면 이처럼 멋지고 특별한 이야기를 만들 수 있겠죠?

오늘의 미션 문장

아파트 놀이터에서 놀다 보니 저녁 먹을 시간이 되었다.
엄마가 창문을 열고 들어오라고 부르셨다.

놀이터에서 미끄럼틀을 타며 즐겁게 놀고 있었다.

"진호야, 밥 먹어!"

엄마는 놀이터가 떠나갈 듯이 쩌렁쩌렁하게 나를 부르셨다. 놀이터에 있던 모두가 나를 쳐다보았다. 부끄럽다. 그냥 전화를 하시지.

최고의 문장을 찾아 형광펜을 그어 보세요.

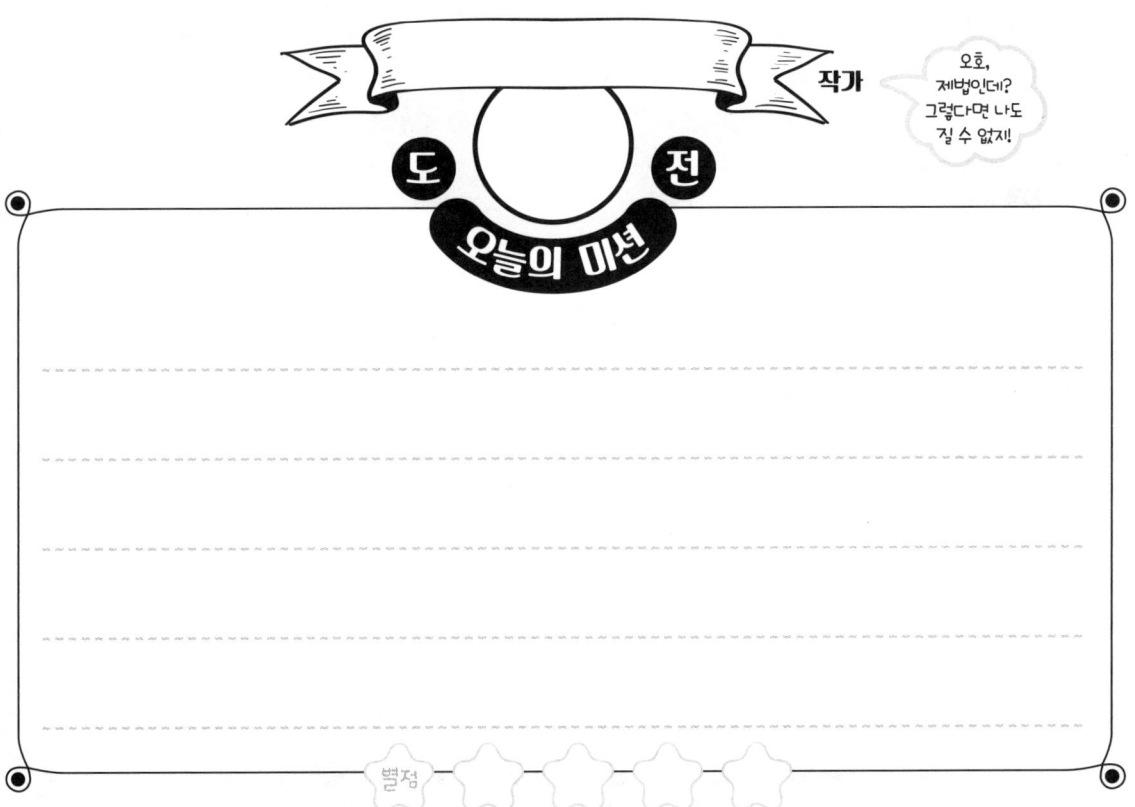

최고의 문장을 찾아 형광펜을 그어 보세요.

우물우물
음식을 입속에 넣고 굴리면서 씹는 모양

먼저, 오늘의 미션을 교과서 수록 도서에서 찾아볼까요?

코끼리 투루는 역시나 언덕에 있었어요! 투루는 무툴라를 못 본 척하며 **우물우물** 아침을 먹고 있었어요.
"안녕, 투루! 내가 밧줄을 가져왔어."

도서명

우리도 '우물우물'을 사용하면 이처럼 멋지고 특별한 이야기를 만들 수 있겠죠?

오늘의 미션 문장

급식을 먹고 운동장에 나가 놀기로 했다.
그런데 친구가 밥을 너무 천천히 먹는다.

"빨리 좀 먹어. 이러다가 점심시간 다 끝나겠어."

재촉하는 나의 말에도 정은이는 우물우물 밥을 씹고 있다. 정은이는 노는 것보다 밥 먹는 것을 더 좋아하는 것 같다. 노는 것이 더 좋은 나는 먼저 나가서 놀아야겠다.

별점 ☆☆☆☆☆

최고의 문장을 찾아 형광펜을 그어 보세요.

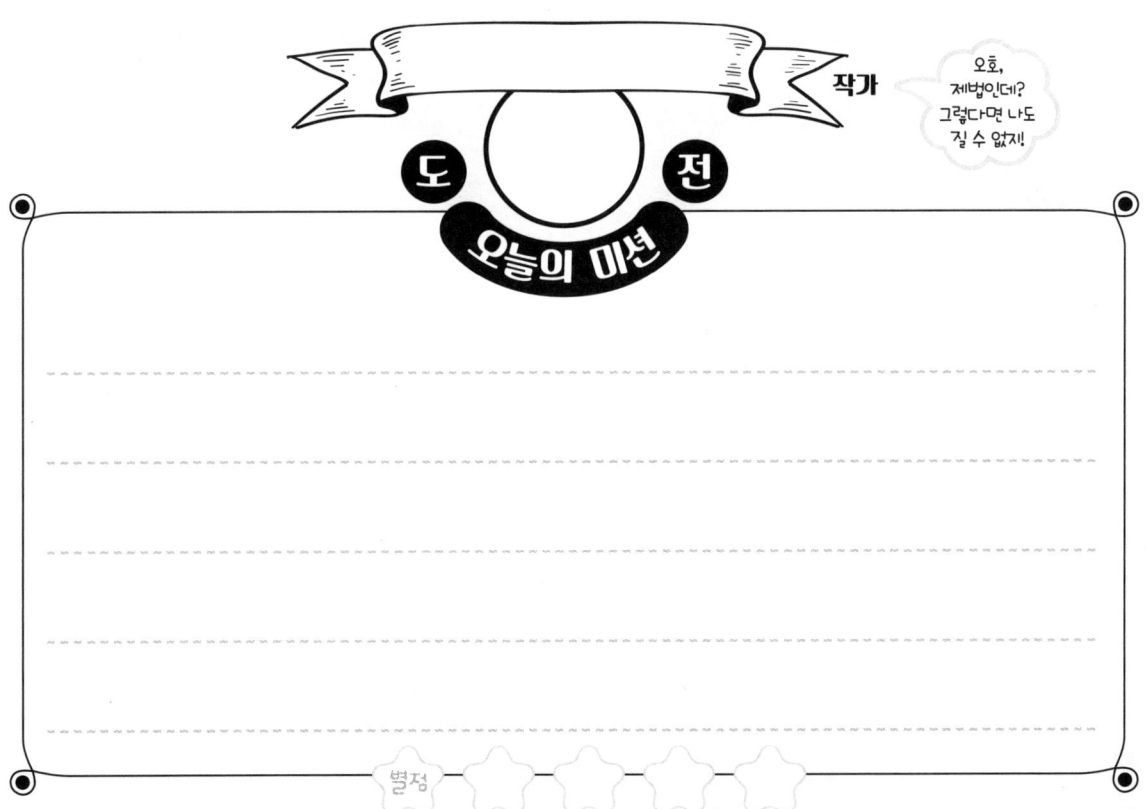

별점 ☆☆☆☆☆

최고의 문장을 찾아 형광펜을 그어 보세요.

표현

비 오듯

화살, 총알 따위가 많이 날아오거나 떨어지다

먼저, 오늘의 미션을 교과서 수록 도서에서 찾아볼까요?

먼저 코끼리 투루가 영차 영차 끙끙 밧줄을 잡아당기자 하마 쿠부는 몸을 부르르 떨며 버텼어요. 그다음엔 하마 쿠부가 영차 영차 끙끙 밧줄을 잡아당기자 코끼리 투루가 몸을 부르르 떨며 버텼어요. 투루는 땀을 **비 오듯** 흘렸어요.

도서명

우리도 '비 오듯'을 사용하면 이처럼 멋지고 특별한 이야기를 만들 수 있겠죠?

오늘의 미션 문장

너무 덥다.
가만히 있어도 더워서 땀이 흐른다.

여름에는 더운 게 당연한 거지만 더워도 더워도 오늘은 정말 덥다. 선풍기도 아무 소용이 없다. 가만히 앉아만 있어도 땀이 나는데 방 청소까지 했더니 땀이 비 오듯 흐른다. 씻고 에어컨 앞에서 TV나 봐야겠다.

별점 ☆☆☆☆☆

최고의 문장을 찾아 형광펜 을 그어 보세요.

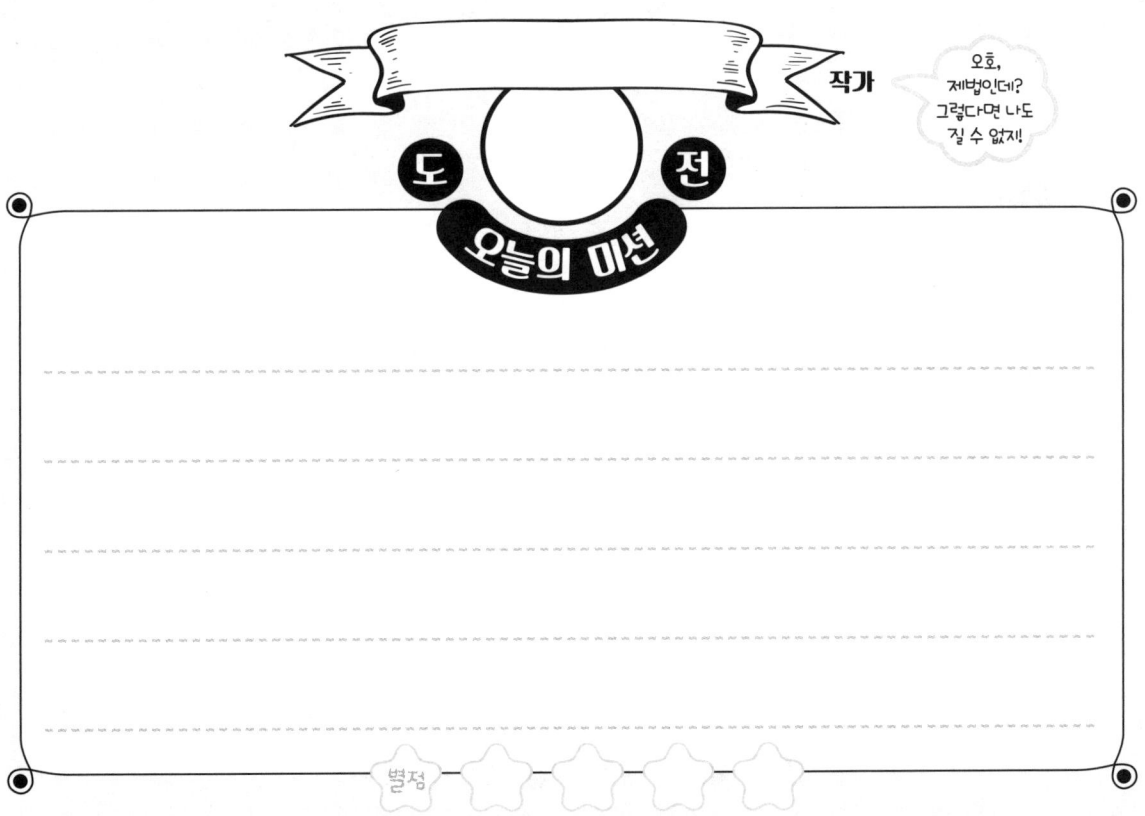

최고의 문장을 찾아 형광펜 을 그어 보세요.

표현 47

감쪽같이
꾸미거나 고친 것이 전혀 티가 나지 않게

먼저, 오늘의 미션을 교과서 수록 도서에서 찾아볼까요?

줄다리기는 해가 뜰 때 시작되어 해가 질 때까지 계속되었어요. 투루와 쿠부는 둘 다 지고 싶지 않아서 줄다리기를 그만두지 않았어요. 어휴, 작은 산토끼에게 **감쪽같이** 속은 일보다 끔찍한 일이 또 어디에 있을까요?

도서명

우리도 '감쪽같이'를 사용하면
이처럼 멋지고 특별한 이야기를 만들 수 있겠죠?

오늘의 미션 문장

**엄마가 아끼는 화분을 실수로 엎었다.
엄마 모르게 다시 잘 심어놓았다.**

"앗!"

엄마가 아끼는 식물 화분을 엎어 버렸다. 엄마가 알면 혼날 텐데. 다행히 화분은 깨지지 않아서 흩어진 흙을 다시 쓸어 모아 화분에 담았다. 식물도 감쪽같이 다시 심어놓았다. 제발 잘 자라주렴.

최고의 문장을 찾아 형광펜을 그어 보세요.

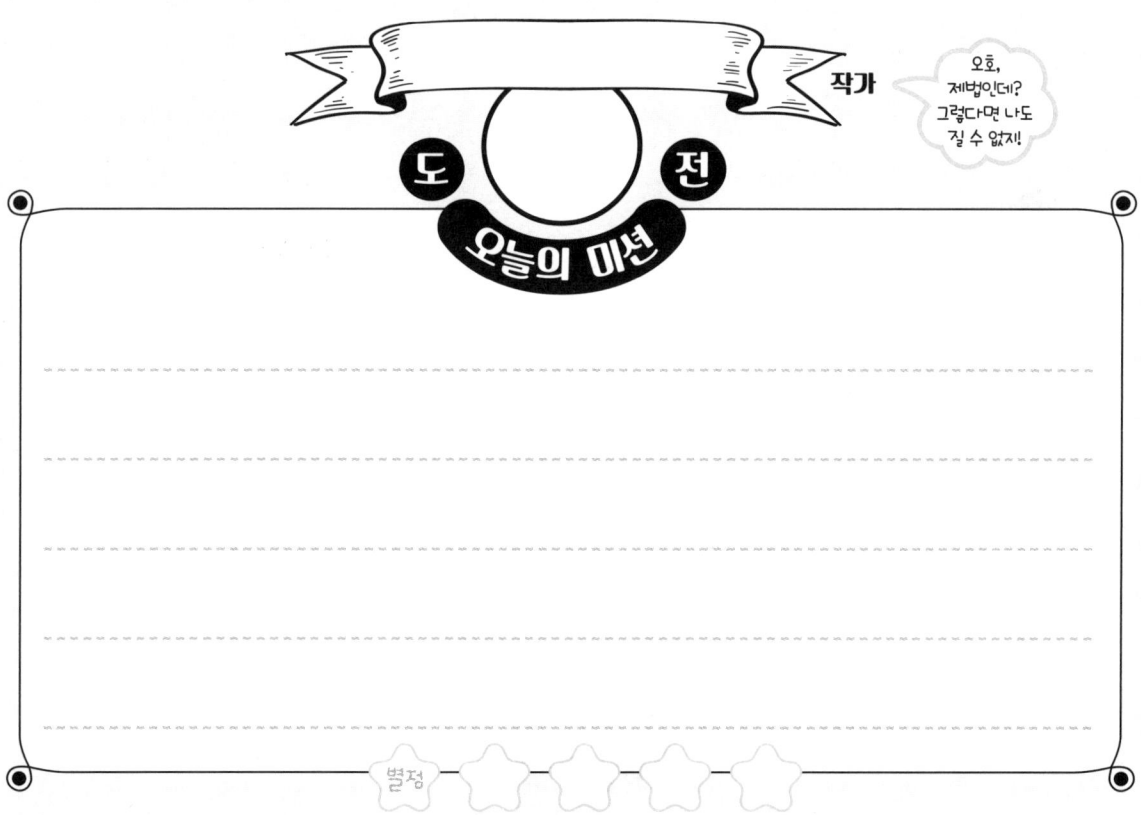

최고의 문장을 찾아 형광펜을 그어 보세요.

표현

벌컥벌컥
음료를 거침없이 자꾸 들이켜는 소리나 모양

먼저, 오늘의 미션을 교과서 수록 도서에서 찾아볼까요?

쿠부는 숨을 크게 몰아 쉰 다음 물속으로 사라져 버렸어요. 투루도 숨이 넘어가도록 헐떡이며 물웅덩이로 쓰러질 듯이 다가왔어요. 그러고는 엄청난 빠르기로 물을 **벌컥벌컥** 마셨어요.

도서명

우리도 '벌컥벌컥'을 사용하면 이처럼 멋지고 특별한 이야기를 만들 수 있겠죠?

오늘의 미션 문장

떡볶이가 정말 매웠다.
우유를 마셨다.

110

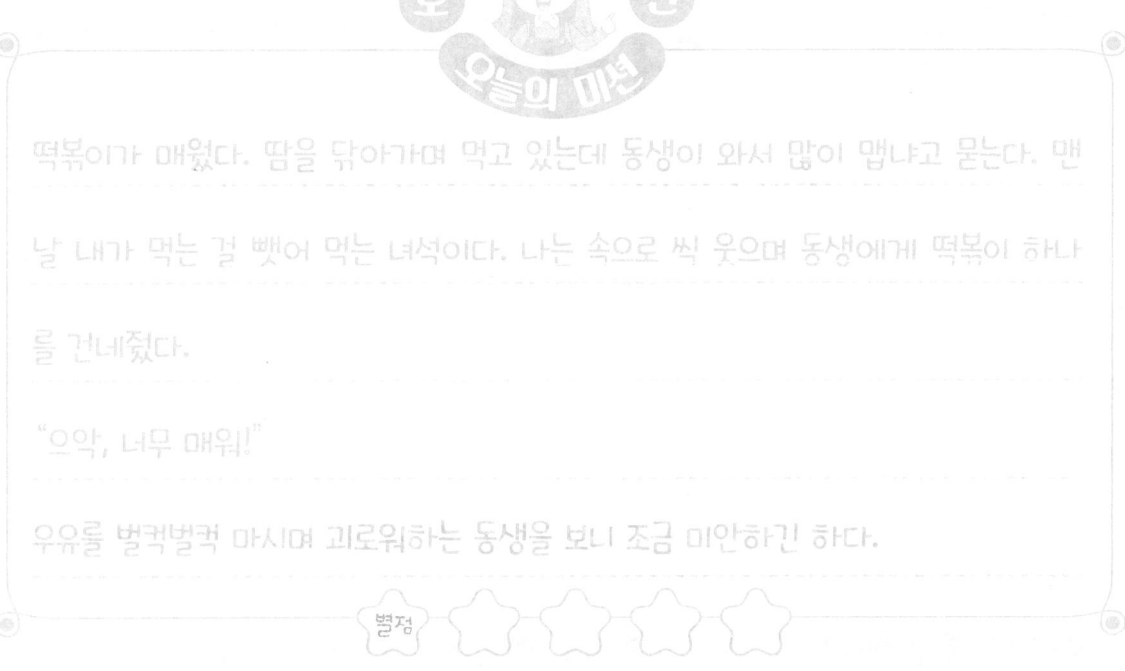

떡볶이가 매웠다. 땀을 닦아가며 먹고 있는데 동생이 와서 많이 맵냐고 묻는다. 맨날 내가 먹는 걸 뺏어 먹는 녀석이다. 나는 속으로 씩 웃으며 동생에게 떡볶이 하나를 건네줬다.

"으악, 너무 매워!"

우유를 벌컥벌컥 마시며 괴로워하는 동생을 보니 조금 미안하긴 하다.

최고의 문장을 찾아 형광펜을 그어 보세요.

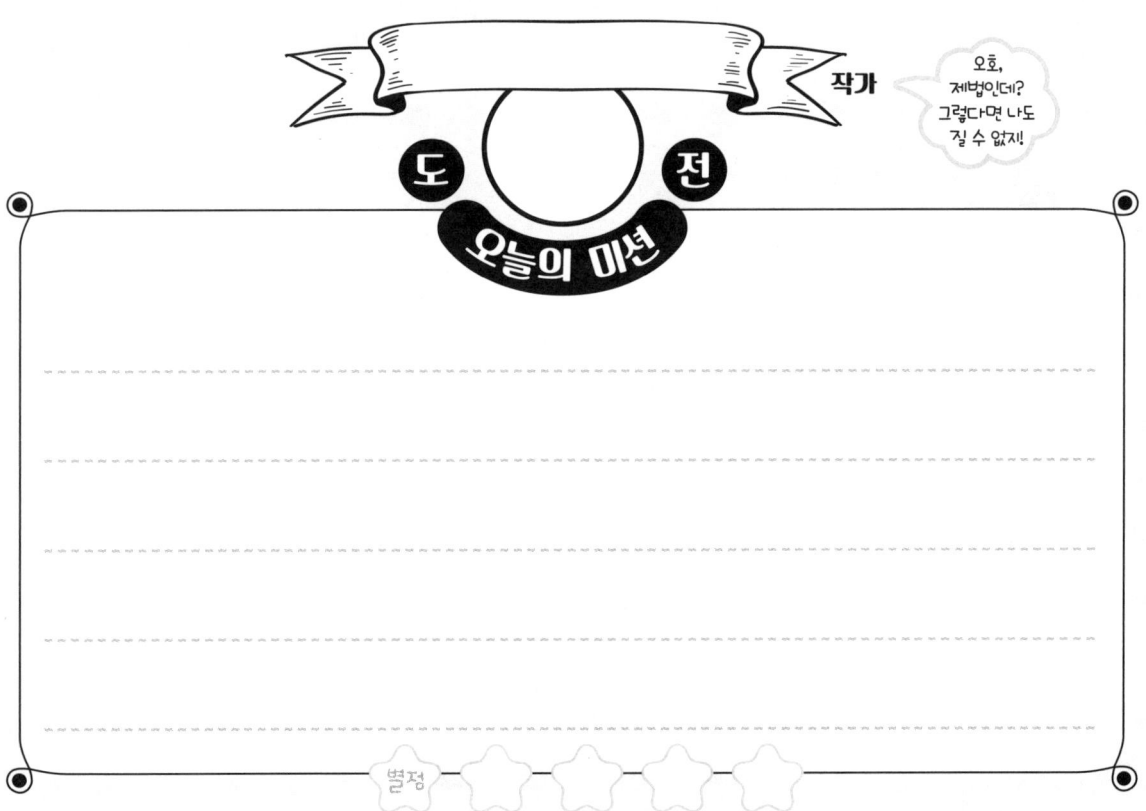

최고의 문장을 찾아 형광펜을 그어 보세요.

허겁지겁

조급한 마음으로 몹시 허둥거리는 모양

먼저, 오늘의 미션을 교과서 수록 도서에서 찾아볼까요?

어찌나 **허겁지겁** 마셨는지 딸꾹딸꾹 딸꾹질을 했어요. 그때 쿠부가 또다시 숨을 들이쉬려고 물속에서 몸을 일으켰어요. 하마 쿠부는 입을 어찌나 크게 벌렸는지! 코끼리 투루도 한입에 꿀꺽 삼킬 정도였어요.

도서명

우리도 '허겁지겁'을 사용하면 이처럼 멋지고 특별한 이야기를 만들 수 있겠죠?

오늘의 미션 문장

늦잠을 잤다.
학교에 지각하게 생겼다.

"으악! 지금이 몇 시야?"

엄마가 출근 전에 분명 깨워 주셨는데 다시 잠이 든 모양이다. 늦었다. 대충 세수만 하고 허겁지겁 뛰어나갔다. 학교 가는 길에 아이들이 하나도 없는 것을 보니 오늘은 지각이로구나.

별점 ☆☆☆☆

최고의 문장을 찾아 형광펜 을 그어 보세요.

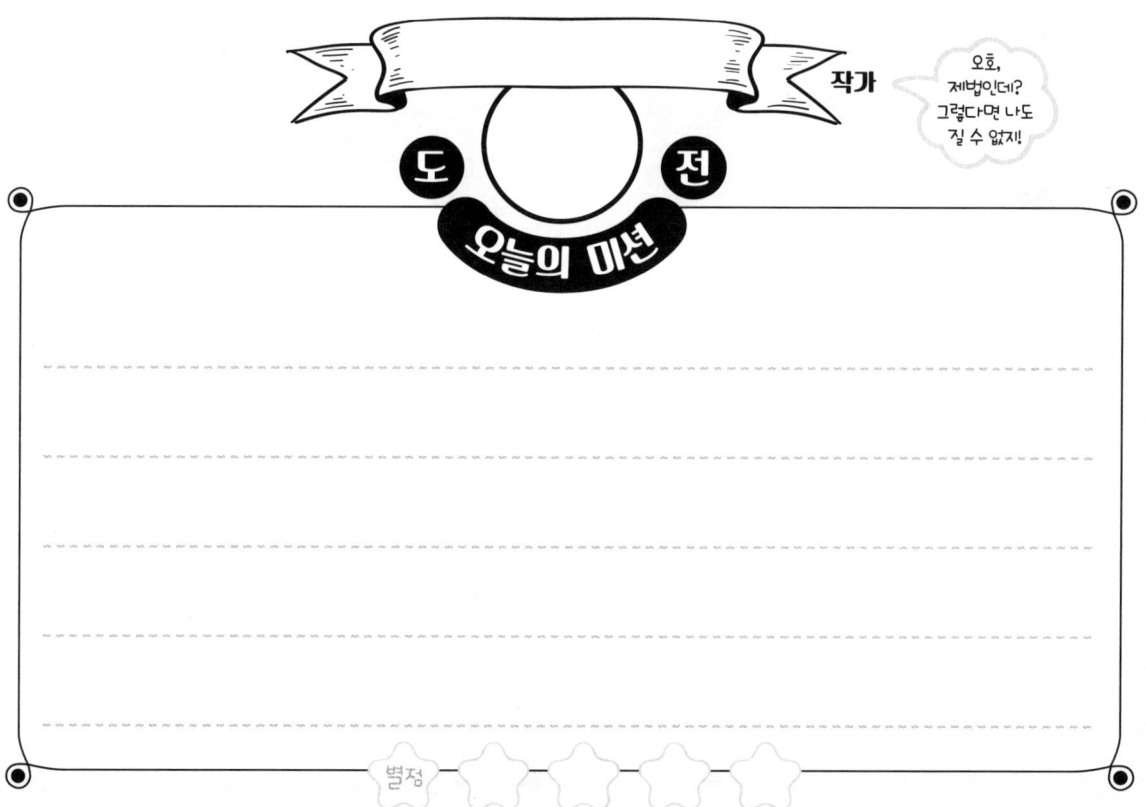

최고의 문장을 찾아 형광펜 을 그어 보세요.

표현

모락모락

연기, 냄새, 김이 계속 조금씩 피어오르는 모양

먼저, 오늘의 미션을 교과서 수록 도서에서 찾아볼까요?

"너였어?"

쿠부가 물을 튀기며 말했어요. 무틀라의 상상대로 화가 난 둘의 머리 위로 김이 **모락모락** 났겠죠?

도서명

우리도 '모락모락'을 사용하면
이처럼 멋지고 특별한 이야기를 만들 수 있겠죠?

오늘의 미션 문장

**길을 지나가는데 만둣집이 보였다.
만두가 먹고 싶어졌다.**

하얀 김이 모락모락 피어나는 저곳은 어디지? 가까이 가보니 만두 파는 가게였다. 뚜껑을 열 때마다 하얀 김이 훅훅 풍겨 올라갔다. 오늘 저녁에는 만두를 먹자고 해야겠다. 김치 만두, 고기 만두, 새우 만두, 감자 만두, 왕만두. 어떤 것을 먹을까?

최고의 문장을 찾아 형광펜을 그어 보세요.

최고의 문장을 찾아 형광펜을 그어 보세요.

이은경쌤의 초등 글쓰기 완성 시리즈
표현글쓰기

1판 1쇄 펴냄 | 2022년 12월 15일
1판 5쇄 펴냄 | 2025년 6월 1일

지 은 이 | 이은경
발 행 인 | 김병준 · 고세규
발 행 처 | 상상아카데미

등 록 | 2010. 3. 11. 제313-2010-77호
주 소 | 서울시 마포구 독막로 6길 11(합정동), 우대빌딩 2, 3층
전 화 | 02-6953-8343(편집), 02-6925-4188(영업)
팩 스 | 02-6925-4182
전자우편 | main@sangsangaca.com
홈페이지 | http://sangsangaca.com

ISBN 979-11-85402-67-3 (74800)

· KC마크는 이 제품이 공통안전기준에 적합하였음을 뜻합니다.
· 잘못 만들어진 책은 구입하신 서점에서 교환해 드립니다.

이은경쌤의 초등 글쓰기 완성 시리즈 활용법

도서	주제	이런 친구에게 추천해요	권장 학년
세줄쓰기	하루 세 줄로 글쓰기 시작!	• 글쓰기를 해 본 적 없어서 낯설고 어려운 친구 • 글쓰기 슬럼프에 빠져 아무것도 쓰고 싶지 않은 친구	전학년
전래동화 바꿔쓰기	전래동화 명장면을 새롭게 바꿔 쓰기	• 어떤 재미난 책을 읽어도 내용이 잘 기억나지 않는 친구 • 나만의 이야기를 쓰고 싶은데 막상 엄두가 안 나는 친구	1~3
주제 일기쓰기	질문에 답하면서 오늘 일기 완성!	• 일기 쓸 때마다 뭘 써야 할지 생각나지 않는 친구 • 부모님 도움 없이 혼자서도 일기를 써 보고 싶은 친구	3~5
표현 글쓰기	의성어, 의태어로 멋진 문장 쓰기	• 매일 비슷비슷한 문장만 쓰느라 글쓰기가 지겨워진 친구 • 글 잘 쓴다는 칭찬을 받고 우쭐해지고 싶은 친구	1~3
자유글쓰기	자유롭게 마음껏 긴 글 쓰기	• 자유롭게 마음껏 상상하는 것을 좋아하는 친구 • 한 장 꽉 채워 쓰기에 도전해 보고 싶은 친구	3~5
생각글쓰기	내 생각과 이유를 정리해서 쓰기	• 〈세줄쓰기〉, 〈자유글쓰기〉를 써 보면서 자신감이 붙은 친구 • 논술에 도전해 보고 싶지만 아직은 자신이 없는 친구	5~중1
기본 책읽고쓰기	읽은 내용을 짧게 정리하기	• 책 읽는 건 좋아하지만 독서록은 아직 안 써 본 친구 • 독서록을 써 봤지만 힘들어서 다시는 안 쓰고 싶은 친구	1~3
심화 책읽고쓰기	읽은 내용을 글로 정리하기	• 독서록 숙제를 해 봤는데, 정말 겨우겨우 써서 낸 친구 • 책을 읽고 나서 내 생각을 정리해 보고 싶은 친구	3~5
왜냐하면 글쓰기	질문에 답하면서 선택과 이유 쓰기	• '왜'라는 질문에 늘 '그냥'이라고 대답했던 친구 • 논리가 무엇인지, 논술이 무엇인지 어렵기만 한 친구	1~3
기본 교과서논술	주장과 까닭을 쓰며 논술 맛보기	• 〈왜냐하면 글쓰기〉, 〈생각글쓰기〉를 써 본 친구 • 논술을 써 본 적은 없지만 시도해 보고 싶은 친구	3~5
심화 교과서논술	진짜 논술 실력 다지기	• 기본 〈교과서논술〉, 〈논술 쓰기〉를 써 본 친구 • 중학교 입학을 앞두고 탄탄한 논술 실력을 다지고 싶은 친구	5~중1
논술 쓰기	개요를 작성하며 주장하는 글 쓰기	• 글쓰기 경험은 많지만 논술은 써 본 적 없는 친구 • 다른 학원에 가느라 논술 학원을 다닐 시간이 없는 친구	3~5
기본 주제 요약하기	글의 핵심을 찾아 쓰기	• 기본 〈책읽고쓰기〉, 〈자유글쓰기〉를 써 본 친구 • 재미있게 글을 읽었는데도 요약해서 설명하기 어려운 친구	3~5
심화 주제 요약하기	비문학 글에서 주제 찾아 쓰기	• 심화 〈책읽고쓰기〉, 〈자유글쓰기〉를 써 본 친구 • 신문 기사를 읽고 어떤 내용인지 잘 이해가 안 가는 친구	5~중1
수행평가 글쓰기	과목별•유형별로 수행평가 대비	• 심화 〈주제 요약하기〉, 기본 〈교과서논술〉을 써 본 친구 • 보고서 쓰기가 어려운 친구	5~중1

* 영어도 대비하고 싶다면? 영어 한줄쓰기 ▶ 영어 세줄쓰기 ▶ 영어 일기쓰기